Herbert Lucian, Harold Jantz

Die tote Hand

Herbert Lucian, Harold Jantz

Die tote Hand

ISBN/EAN: 9783744647304

Hergestellt in Europa, USA, Kanada, Australien, Japan

Cover: Foto ©ninafisch / pixelio.de

Weitere Bücher finden Sie auf **www.hansebooks.com**

Zweites Buch.

Jaquetta.

Erstes Kapitel.

Der Austernparkwächter.

———

In der belgischen Seestadt, aus welcher Jaquetta stammt, ist es still, wie immer im Herbst.

Die Fremden, welche den Ort während der
Sommermonate beleben, um sich die erquickende
Seeluft zu Nutzen zu machen und Seebäder zu
gebrauchen, haben sich in alle Weltgegenden zer-
streut und mit ihnen ist Alles verschwunden, was
auf sie und ihre Taschen spekulirt hat.

Die eleganten Kaufläden, in welchen noch
vor Wochen glänzende Seidenstoffe mit der Rie-
senaufschrift just arrived of London zur Schau lagen, sind geschlossen, der Kaufmann in Brüssel,
der in der Seestadt während der Saison ein
Filialgeschäft hatte, hat die indischen Shawls,
die er nicht abgesetzt, wieder an sich gezogen und

8*

sie veranlassen jetzt vielleicht durch ihren Farben-
glanz und die Weichheit ihres Gewebes die eleganten Damen, welche die rue de la Madelaine
entlang wandeln, stehen zu bleiben.

Der Cursaal, in welchem sonst lustige Musik
erklang, ist verödet, die Restaurationen, die Ho-
tels und Cafés sind entweder geschlossen oder es
hat sich doch wenigstens das rege Leben, welches
zur Sommerzeit alle ihre Räume durchdrang, in
einige kleine Stübchen zurückgezogen, welche den
einheimischen Besuchern auch während der Win-
tersaison geöffnet bleiben.

Auch der Austernpark hat seine Functionen
als Unterhaltungsort eingestellt und die Thätig-
keit des schweigsamen Wächters beschränkt sich darauf, die Austern für den Export zurecht zu machen.

Was sonst an männlicher oder weiblicher Die-
nerschaft im Hause gewesen, ist entlassen, und es
herrscht in demselben eine wahre Grabesstille.

Der alte Bultink ist, seit ihn die Tochter
verlassen, noch einsilbiger geworden, als er es
schon früher war. Er hat kaum einen andern
Verkehr mit den Menschen, zu denen er eben in
keiner geschäftlicher Beziehung steht, als daß er

zuweilen die steile Treppe zu seinem Freunde, dem Leuchtthurmwächter hinansteigt.

Auch zu diesem würde er vielleicht nicht kommen, wenn der alte Mann nicht einen Stoß alter Zeitungen hätte, in welchem er nach Bequemlichkeit wühlen kann.

Und der alte Austernparkwächter brütet gern über Zeitungen, seit ihm seine Tochter in die Welt gegangen ist.

Dabei ist es weder die Politik, noch überhaupt das, was in der großen Welt vorgeht, was ihn interessirt.

Er kümmert sich nur um die Wettrennen, und mit einem wahren Falkenauge stöbert er aus dem Wuste politischer und unpolitischer Zeitungsartikel jene Notizen heraus, die auf den Sport Bezug haben.

Besser und ausführlicher kann er sich über das Gebiet, das ihn ausschließlich interessirt, nicht belehren, als wenn er den Leuchtthurmwächter besucht, der von seinem Schwager, dem Curhausinspector, alljährlich nach dem Schlusse des Cursaales den ganzen Vorrath alter Zeitungen erhält, der sich während der Sommersaison angesammelt hat.

Auch heute hat sich Bultink auf den Weg ge=
macht, um einige Stunden bei dem Leuchtthurm=
wächter zuzubringen.

Es ist recht unfreundlich draußen und das
Meer wirft seine Wogen mit Macht an den
Damm zur Freude der Arbeiter, welche das ganze
Jahr über von den Schäden leben, die das Meer
diesem Damme zufügt.

Diese arbeitsamen Leute schlafen während der
Fluth und wachen und mauern, wenn die Ebbe
eingetreten ist.

Ob es dann Tag oder Nacht ist, das ist gleich=
giltig; bei der Nacht arbeiten sie bei Fackelglanz
an der Ausbesserung des Dammes und an der
Ausführung neuer Schutzwerke.

Und wenn sie ein Stück Arbeit gefördert ha=
ben, dann kommt das Meer und zerstört zwei
Dritttheile dessen, was sie soeben fertig gebracht
haben.

Die Arbeiter grüßen den alten Bultink, denn
sie kennen ihn recht wohl.

Der Schiffer hält ihm den Kahn bereit, auf
welchem er ihn für einige Centimes zum Leuch=
thurm hinüberbringt.

Bei diesem angelangt keucht der Greis die
zweihundert Stufen empor und langt in dem
Augenblick auf der Höhe an, als der Leuchtthurm=
wächter das elektrische Licht in der wunderbar
construirten Laterne entzündet.

Es ist zwar noch lange nicht Abend, aber es
bedeckt ein so dichter Nebel die Gegend, daß der
Leuchtthurmwächter nicht länger zögern durfte, das
Licht anzumachen.

Bultink setzt sich in eine Ecke und greift in
den Zeitungsstoß, der den Fußboden bedeckt.

Er liest nicht lange, so wird er unruhig und
in seinem gewöhnlich stillen und ausdruckslosen
Gesichte spiegelt sich eine gewisse Aufregung.

Er rutscht lange auf seinem Stuhle hin und
her, läßt die Hand, die das Zeitungsblatt hält,
sinken, runzelt die Stirn, zwinkert mit den Au=
gen, versenkt diese vom Neuen in die Zeitung
und erhebt sich endlich mit unverkennbarer Hast
von seinem Sitze, indem er die Zeitung festhal=
tend zu dem Leuchtthurmwächter sagt:

„Drinks — möchtet Ihr mir dies Zeitungs=
blatt schenken?“

Nehmt es mit Euch, Bultink, wenn Euch et=

was daran liegt" entgegnete der Leuchthurm=
wächter.

„Ich danke Euch, Drinks — ich will Euch
morgen ein kleines Fäßchen Austern herauf
schicken!"

„Seid nicht kindisch, Bultink — Ihr werdet
mir doch nicht die alte Zeitungsnummer bezah=
len wollen?"

Der Leuchthurmwächter lachte, Bultink aber
sagte mit unverwüstlichem Ernste:

„Die Nummer ist nicht so alt — sie ist eine
der letztangekommenen und datirt kaum einen
Monat zurück. Uebrigens will ich Euch die Au=
stern nicht für die Zeitung allein geben — es
ist nur, damit Ihr ein Andenken an mich habt,
wenn ich jetzt eine Zeitlang nicht kommen sollte!
Ich habe gefunden, was ich suchte, was ich lange
erwartete!"

„Wie? Ihr wollt Euch lange nicht bei mir
sehen lassen, Bultink?" warf der Leuchthurmwäch=
ter im Tone des Bedauerns hin.

„Ich werde die Austern hüten müssen, denn
meine Alte wird wahrscheinlich verreisen!"

„Jetzt, in der Jahreszeit?"

„Die Reichen reisen, wenn sie wollen, die Armen, wenn sie müssen!" entgegnete Bultink achselzuckend. „Dies Zeitungsblatt treibt meine Alte in die Welt."

„Habt Ihr etwas von Eurer Tochter erfahren?" fuhr der Leuchtthurmwächter dazwischen.

Bultink antwortete nicht, sondern drückte dem Andern stumm die Hand.

Dann kletterte er die zweihundert Stufen hinab.

Er ging schneller als gewöhnlich und zuweilen knickten ihm die Füße unter den Knieen zusammen, was ihm noch nie geschehen war.

Er fand seine Frau über der Bibel sitzen, die ihr einziger Trost war, seit sie Jaquetta nicht bei sich hatte.

Bultink legte seinen Hut auf den Tisch, setzte sich seinem Weibe gegenüber, breitete die Zeitung vor sich aus und sagte zu der alten Frau, die seine seltsamen Vorbereitungen mit Befremden wahrnahm:

„Er hat den Hals gebrochen — da steht es!"

Die Alte zuckte zusammen und wurde kreideweiß im Gesichte.

Sie fragte nicht, wer den Hals gebrochen habe, denn sie brauchte keine Erläuterung, keine Aufklärung — sie wußte, von wem die Rede war.

„Er hat den Hals gebrochen!" wiederholte Bultink, indem er sein Weib ansah. „Es ist gekommen, wie ich's vorher sagte. Sie ist in der Gefahr umgekommen, in die sie sich begeben hat!"

Die alte Frau durchrieselte es kalt und sie zitterte an Händen und Füßen.

Bultink schien von ihrem Zustand keine Notiz zu nehmen, sondern fragte mit unheimlicher Kälte:

„Soll ich es Dir vorlesen, wie es gekommen ist?"

Er wollte nach dem verhängnißvollen Blatte greifen, sie aber hinderte ihn daran, indem sie ihm in die Hand fiel und aufkreischte:

„Nein — nein — thu's nicht — ich bitte Dich, thu's nicht!"

„Du hast recht — wir erwecken ihn doch nicht von den Todten! stimmte Bultink zu. „Er hat seinen Theil dahin, er ist dafür bestraft, daß er mir mein Kind stahl!"

„Bultink — Bultink" — stammelte die alte Frau,
der mit den Worten auch die Thränen kamen
— „was soll jetzt aus unserm Kinde werden?"

„Was Gott will!" sagte der Alte kurz und
feierlich.

„Willst Du ein milder Vater sein?" fragte
die Frau zaghaft. „Willst Du Dich der Unglücklichen erbarmen?"

„Sie braucht mein Erbarmen nicht!" lautete
die trockene Antwort. „Sie hat, was sie braucht
— die Cavaliere haben unter sich eine Samm-
lung veranstaltet, um der Wittwe des verunglück-
ten Jockeys Dick Hawerton beizuspringen — da
steht's. Es sind acht Tausend Francs zusammen-
gekommen und Dick's Herr, der Graf Slyken
hat sieben Tausend Francs dazu gelegt, da steht's.
Auch hat Dick ein Ersparniß von über zehn Tausend
Francs hinterlassen, da steht's. Die Wittwe hat
also fünf und zwanzig Tausend Francs — sie ist
reich — sie braucht kein Erbarmen! Und wenn
sie's brauchte, bei mir würde sie es nicht finden
— bei mir nicht — nicht in dem Sinne wenigstens, in welchem Du es meinst!"

„Bultink, Bultink, sprich nicht so!" rief die

Alte in fast flehendem Tone, indem sie ihre Hände faltete.

„Bei mir nicht!" wiederholte Bultink bestimmt, „Von mir hat sie sich getrennt für immer, indem sie mich verlassen hat, um dem Manne zu folgen, der den Hals brechen mußte! Zu mir kommt sie nicht wieder, so lange ich die Augen offen habe — sind diese Augen einmal geschlossen, dann magst Du's mit ihr halten wie Du willst!"

„Du bist ein strenger Mann, Bultink, ein viel zu strenger Mann und Vater!" seufzte die Alte.

„Ich will Dir gleich beweisen, daß ich nicht so hart bin, wie du wohl glaubst!" bemerkte Bultink. „In dem Zeitungsblatte steht noch etwas — etwas von einem Kinde, das die unglückliche Witwe des getödteten Jockeys unter ihrem Herzen trug."

„O mein Gott!" entfuhr es den bebenden Lippen der alten Frau.

„Das Kind" fuhr Bultink fort, „das Kind nehme ich zu mir. Es würde bei ihr nur verderben, denn wer das Herz hat, seine Eltern zu verlassen, ohne daß ihr Segen ihn begleitet, der ist nicht im Stande ein Kind in Gottes- und Menschenfurcht zu erziehen!"

„Du willst ihr doch nicht das Kind nehmen?“ fragte die alte Frau entsetzt.

„Gibt sie's nicht gutwillig, dann nehme ich es ihr!“ erwiederte der Alte entschlossen. „Das Kind muß zu mir kommen und müßte ich es stehlen — es ist genug, wenn sie elend ist und in der Welt verdirbt — das Kind soll die Sünden seiner Eltern nicht büßen! Du wirst das Kind erziehen und vor Allem wirst Du es holen!“

„Wenn sie es aber nicht hergibt?“

„Dann drohst Du ihr mit meinem Fluche! Sie wird es hergeben, wenn Du damit drohst, sie hat ja gesehen, welchen Segen es dem Kinde bringt, wenn sich der Vater auch nur von ihm abwendet, ohne ihm zu fluchen. Sie wird es hergeben, denn sie wird ja dann um so freier sein und machen können, was sie will!“

Zweites Kapitel.

Mutter und Tochter.

Jaquetta erholte sich nur langsam von dem Schlage, der sie getroffen hatte.

Sie dachte keinen Augenblick daran, von Wiesbaden wegzugehen — wer hätte Dick's Grab gepflegt, wer hätte außer ihr in dem Orte, in welchem er sein Leben gelassen, überhaupt an ihn gedacht und die Erinnerung an ihn werth und heilig gehalten, wenn sie Wiesbaden verlassen hatte?

Zu dem war es ja gleichgiltig, wo sie lebte; das Elternhaus war ihr doch verschlossen und mit Dick war alle Freude am Leben und alles Glück dahin.

Ihr Leben glich fortan nur einem Hindämmern — sie hatte nicht einmal an dem Kinde

eine Freude, welches sie sechs Wochen nach Dicks
Tode gebar.

Sie begrüßte dieses Kind mit schmerzlichen
Gefühlen; war es doch eine vaterlose Waise, verlassen und bestimmt, in Trauer und Einsamkeit
aufzuwachsen.

Wenn sie daran dachte, welche Freude ihm das
Kind bereitet haben würde, so kam ein unsäglicher
Kummer über sie und sie wünschte fast, das Kind
wäre nicht da, damit es ihr nicht in jeder Minute
den unersetzlichen Verlust, den sie erlitten, neuer-
lich zu Gemüthe führe. Das Kind, welches ihm
so ähnlich sah, ansehen, hieß im Schmerze wühlen.

Jaquetta nährte das Schmerzenskind auch mehr
mit Thränen, als mit der Muttermilch. Oft machte
sie sich selbst Vorwürfe über ihren zügellosen
Schmerz und sagte sich, daß sie das Kind tödte,
wenn sie ihm all den Jammer einimpfe, der ihr
zu Tod betrübtes Herz erfüllte.

In dieser Stimmung fand die alte Bultink
ihr Kind.

Jaquetta hatte ihrer Mutter nie geschrieben.

Sie war in Güte von ihr geschieden und
hätte ihr Mittheilungen machen können; aber es

wurzelte in ihr ein zu tiefer Respekt vor dem
Vater, daß ihr auch nicht der Gedanke kam, hinter des Vaters Rücken, der nun einmal nichts von
ihr wissen wollte, mit der Mutter Briefe zu wechseln.

Sie kannte den Vater und wußte, daß man
ihn nicht reizen dürfe. Wie leicht hätte er hinter
das geheime Einverständniß kommen und die Schale
seines Unmuthes über die Mutter ausgießen.
können. Und diese war bereits durch die Ver-
lassenheit, der sie Jaquetta auf ihre alten Tage
überantwortet hatte, so unglücklich, daß es diese
für eine Gewissenspflicht hielt, jedes rauhe Wort,
jeden rauhen Blick von ihr fern zu halten — und
rauhe Worte und harte Blicke hätte Vater Bultink gewiß gegen seine Frau gerichtet, wenn er
dahinter gekommen wäre, daß Mutter und Kind
hinter seinem Rücken eine geheime Verbindung
aufrecht erhielten.

Und was hätte es ihr auch genützt, wenn sie
der Mutter geschrieben hätte? Es wären doch nur
einseitige Herzensergießungen gewesen, die auf eine
Erwiederung nicht rechnen durften.

Die alte Frau hätte es nie gewagt, die Briefe

Jaquettas zu beantworten, und überhaupt etwas Positives zu thun, was den ihr bekannten Intentionen ihres Mannes zuwiderlaufend gewesen wäre.

Da die alte Frau ihr Kind liebte, so hätte sie der Auftrag Bultinks, es zu besuchen, unaussprechlich glücklich gemacht, wenn nicht eben die unheimliche Clausel daran geknüpft gewesen wäre, Jaquetta das kaum geborene Kind unter allen Umständen abzunehmen. Die alte Frau konnte nicht wissen, daß sich Jaquetta bezüglich dieses Kindes in einer Stimmung befand, welche ein friedliches Gelingen der Mission erwarten ließ.

Das Wiedersehen war ein ergreifendes und für Jaquettas Gemüthslage in so fern ein glückliches, als ihr Schmerz, den sie bisher in sich verschließen mußte, unerwartet eine wohlthätige Ableitung fand. Sie konnte den Kummer, der sie so schwer belastete, in das Herz der Mutter ausschütten und sie fühlte sich leichter, als jemand mit ihr weinte.

„Wenn Du bei mir bliebest, Mutter," sagte sie unter Schluchzen, indem sie die alte Frau zu der Wiege des Säuglings führte, „so würde der kleine Wurm da vielleicht am Leben bleiben! So

aber geht er ſicherlich zu Grunde, denn mein Herzblut, mit dem ich ihn nähre, kann ihm kein Heil
bringen, ſo ſchmerzvergiftet iſt es!"

Der alten Frau ſchnürte es das Herz zuſammen und doch war es ihr wieder zu Muthe, als
wäre der Augenblick gekommen, wo ſie mit ihrem
herben Anliegen herausrücken ſollte.

„Wie mär's Jaquetta," begann ſie zagend,
„wenn Du mir das Kind überließeſt? Ich bin
alt und hätte meine Freude daran — ich würde es
gut halten — ſo gut, wie Dich ich noch heut hielte,
wenn Du nicht von mir fortgegangen wäreſt."

Die alte Frau hatte Thränen in den Augen
und ihre Stimme zitterte, als ſie ſo ſprach. In
ihrem Blicke lag zugleich eine Abbitte, es war, als
flehe ſie ihr Kind um Verzeihung an, daß ſie ihm
ein ſo herzloſes Anſinnen ſtelle.

Jaquetta ſah die Mutter ſtarr an.

Durch ihre Seele zuckte ein Verſtändniß deſ-
ſen, wo hinaus die Mutter ziele und warum ſie
eigentlich ſo viele, viele Meilen in trüber Herbſt-
zeit dahergekommen ſei.

Jaquetta ſtreckte langſam ihre Hand aus, um
die der Mutter zu ergreifen und flüſterte mit

bebender Stimme, indem sie der Mutter fest ins Auge sah:

„Sag', Mutter, sag', will der Vater das Kind?"

Die Mutter nickte mit dem Kopfe.

Man konnte in Jaquettas Zügen eine Art freudigen Aufblitzens sehen.

Jaquetta blieb einen Augenblick wie in Ge= danken verloren stehen, näherte sich dann der Wiege, warf einen langen Blick auf das schla= fende Kind, ging dann wieder auf die Mutter zu, ergriff sie bei der Hand, führte sie zu der Wiege und sagte, auf das Kind zeigend, mit halb ab= gewandtem Gesichte:

„Nimm es!"

„Du giebst es her?" rief die alte Frau über= rascht und erfreut, daß ihr die Ausführung ihrer Sendung so leicht gemacht wurde.

„Sagst Du nicht, der Vater verlangt nach dem Kinde?" sagte Jaquetta. „Wie könnte ich es ihm vorenthalten? Ich habe ihn so schwer getroffen, als ich gegen seinen Willen von ihm fort und in die Welt ging. Er hatte Recht, der alte Mann, er hatte Recht — es endete nicht gut. Ich habe

viel tausendmal an ihn gedacht. Er meinte es
gut — er wollte sein Kind keinem Manne geben,
der jeden Tag Gefahr lief, den Hals zu brechen.
Ich aber ging — und er brach den Hals. Es
ist Alles eingetroffen, wie's der alte Mann vor=
her gesehen hat — aber Mutter, ich ginge heute
wieder in die Welt, wenn Dick da wäre und zu
mir sagte: komm — und wüßte ich auch bestimmt,
daß Alles sich genau so zutragen würde, wie's
der alte Mann, der es so gut mit mir meinte
und dem ich doch nicht folgen konnte, vorherge=
sagt hat! Du weißt nicht, wie glücklich wir zu=
sammen lebten!"

Jaquetta umhalste ihre Mutter und netzte mit
ihren Thränen die Wangen der alten Frau.

„Ich darf dem Vater also das Kind bringen?"
fragte die Mutter nach einer Weile zaghaft, da
sie noch immer fürchtete, Jaquetta könnte sich an=
ders besinnen und sie das Kind nur unter hefti=
gem Widerspruche an sich bringen.

Jaquetta nickte mit dem Kopfe und sagte mit
traurigem Lächeln:

„Nimm es — bring es ihm — möge es ihm
Freude machen, mehr Freude, als ich ihm gemacht

habe! Wenn er das Kind bei sich hat, so hänge ich doch durch dasselbe mit ihm zusammen. Ich denke dann, ich gehöre doch auch zu dem Hause, in welches ich nicht eintreten darf. Denn nicht wahr, mich will er nicht? Mir zürnt er noch immer?"

Als die Mutter, ohne ein Wort zu erwiedern, trüb vor sich hin sah, fuhr Jaquetta fort. „Ich wußte es, mich will er nicht. Er ist ein strenger Mann und hat einen unbeugsamen Kopf. Ich habe ihm auch sehr wehegethan — sag ihm das Mutter — sag ihm, daß ich es einsehe und Gott bitten will, daß er ihn um somehr Freude an dem Enkel erleben lasse! Ich könnte auch nicht mit Dir gehen, Mutter, selbst wenn mich der Vater wieder hätte aufnehmen wollen in sein Haus — jetzt wenigstens könnte ich nicht gehen! Denn sieh, der Vater hat doch Dich und wird nun auch den Enkel haben — Dick aber hat Niemanden, Dick liegt draußen allein und wenn ich nicht von Zeit zu Zeit käme, an seinem Grabe zu beten und eine Blume darauf zu pflanzen, er hätte Niemanden der sich mit ihm beschäftigte! O, glaube mir, meine gute Mutter, es faßt mich zuweilen

wie ein unwiderstehliches Heimweh — dann sehe
ich das Meer, das leuchtende, und es ist als zöge
es mich zu sich heran; dann sehe ich es anschla-
gen an den Leuchtthurm und an den Damm, ich
sehe die alten Glockenthürme, ich höre ihre Töne
und sie locken mich, ich sehe die Kirche und den
lauschigen, dämmrigen Winkel, in welchem ich stets
mit Dir stand und schon als Kind Dich beim
Mantel hielt, als fürchtete ich Dich zu verlieren;
ich sehe die vielen guten Menschen, die wir kann-
ten, ich höre ihre Stimmen, höre Deine und
des Vaters Stimme, die so selten erklang und
die mir nun nie wieder erklingen wird, ich sehe
mein liebes, trautes Stübchen, den Vogel am
Fenster, das Kätzchen im Winkel, das Bild, welches den Schiffbruch darstellt, an der Wand, das
Crucifix über meinem Bette — und dann kommt
es über mich, daß ich mich auf dem Weg machen
und die siebzig, achtzig Meilen, die zwischen Wiesbaden und der Heimath liegen, in einem Zuge
durchlaufen möchte; aber dann kommt mir wieder
das einsame Grab in den Sinn, um das sich nun
Niemand mehr kümmern wird als ein Miethling,
der es vielleicht lässig für Geld pflegen wird und

ich kämpfe mein Heimweh nieder und denke: du bleibst, wo er starb!"

Jaquettas Stimme erstarb in Schluchzen.

Nachdem sie sich ermannt hatte, sagte sie:

„Ich bleibe, Mutter, Du aber nimmst das Kind — es ist ein Glück, daß Du es nimmst! Bei mir stürbe es doch hin, ich bin keine passende Gesellschaft für ein junges Leben, welches sonniges Lächeln und leuchtende Mienen braucht! Du wirst ihm beides geben, und der Vater wird ihm dann und wann auch ein freundliches Wort spenden! Seine Jugend wird dann freudvoller und heiterer sein, als sie es bei mir gewesen wäre — Du wirst Deine Freude an dem Wurme haben der Vater auch — und ich — ich will lernen, mich zu bescheiden — ich habe es ja schon halb und halb gelernt!"

Drittes Kapitel.

Der Gensdarm.

Slyken überhäufte Jaquetta mit Aufmerksam=
keiten aller Art.

Die Wittwe des Jockeys gefiel ihm ganz au=
ßerordentlich und er sprach oft im Kreise seiner
Freunde von dem niedlichen Weibchen, dessen Vor=
mund und natürlicher Beschützer er mit einemmal
geworden war.

Die, welche den Lebemann so sprechen und
die Vorzüge und Reize Jaquettas mit einem ge=
wissen Feuer preisen hörten, lachten und warnten
ihn, sich wol vorzusehen, daß die humanitäre
Stellung, die er der jugendlichen Wittwe seines
Jockeys gegenüber einnahm, keine Verschiebung
erfahre.

Sie meinten, daß schon mancher väterliche Be=

schützer damit aufgehört habe, ein Freund der Be-
schützten zu werden. Slyken schmunzelte zu diesen
Bemerkungen und es schien fast, als ob es nicht
gegen seine Absicht wäre, wenn seine Beziehungen zu Jaquetta mit der Zeit eine Wendung
nähmen, die ihm die Verlassene näher brächte.

Aber was er auch im Stillen dachte, Jaquetta
gegenüber ließ er sich nichts merken und blieb in
der Rolle eines edlen, uneigennützigen Wohlthä-
ters, um bei seinem Schützling kein Mißtrauen
aufkommen zu lassen.

Es war ganz natürlich, wenn er Jaquetta
öfters besuchte, um mit ihr ihre Angelegenheiten
zu besprechen.

Er hatte es übernommen Dicks Ersparnisse
fruchtbringend und sicher anzulegen.

Jaquetta hatte um so weniger Anstand genommen, ihm in dieser Richtung ihr unbedingtes
Vertrauen zu schenken, als er sich so großmüthig
gegen sie benommen und ihr durch seine Initia-
tive eine namhafte Summe vermittelt hatte.

Zudem war sie in Geldsachen vollständig un-
behilflich und unpraktisch. Dick hatte sie in Nichts
blicken lassen, ihr alle Sorgen abgenommen und

ihr stets nur die Mittel zur Verfügung gestellt, die sie brauchte, um ihm von Stadt zu Stadt, von Land zu Land folgen und ihre Tage anständig und sorglos hinzubringen.

Es war ihr daher eine große Erleichterung, daß ihr der Graf von Slyken alle Sorge um die Verwaltung ihres kleinen Vermögens über= nahm und dasselbe bei einem vertrauenswürdigen Banquier in Wiesbaden zu einem Procentsatze an= legte, der ihr erlaubte, ruhig in die Zukunft zu blicken.

Slyken war ganz zufrieden mit Jaquettas Entschlusse in Wiesbaden vorläufig ihren bleiben= den Aufenthalt zu nehmen.

Er lächelte im Stillen über das Motiv dieses Entschlusses, aber der sentimentale Cultus, den Jaquetta ihrem verstorbenen Gatten widmete, kam ihm nicht ungelegen.

Wiesbaden war unter allen Städten, die Sly= ken alljährlich zu besuchen pflegte, diejenige, in welche er am öftersten kam und die ihn auch stets am längsten fesselte.

Die Rennen, das Spiel, der Zusammenfluß schöner Frauen, das waren lauter Dinge, die ihm den Aufenthalt in der glänzenden Badestadt angenehm machten.

Es war ihm auch in sofern nicht unlieb, daß Jaquetta in Wiesbaden blieb, als es hier kein Aufsehen erregte, wenn er fortan noch öfter in dem auch im Winter stark besuchten Badeorte vorsprach, während es für ihn manche Unzukömmlichkeiten nach sich gezogen hätte, wenn sie sich in einer andern Gegend angesiedelt hätte.

Es waren nun fünf Monate verflossen, seit Dick verunglückt war und Slyken war seither dreimal in Wiesbaden gewesen.

Er hatte dabei stets einen guten Theil seiner Zeit Jaquetta gewidmet, und diese in seinen regelmäßigen Besuchen nichts gefunden, was sie unangenehm berührt hätte.

Slyken war ihr sogar ein gern gesehener Mann, denn er sprach viel von Dick, pries den Verstorbenen, ließ seinen Vorzügen und schätzenswerthen Seiten alle Gerechtigkeit wiederfahren, erzählte ihr von Dicks Jugend und Kinderzeit, von Dicks Vater — wovon aber hätte sie lieber sprechen hören sollen, als von diesen Dingen und mit wem hätte sie lieber über diese Dinge gesprochen, als

mit dem Manne, der von jeher Dicks Wohlthäter
gewesen, der ihn Jahrzehnte zuvor gekannt, ehe
sie nur eine Ahnung davon hatte, daß es einen
Dick Hawerton in der Welt gebe?

Und daß der Mann, der immer großmüthig
für Dick gesorgt, sich nun auch ihrer wohlwollend
annahm, das mußte ihre sympathischen Gefühle
für den Grafen nur noch steigern.

Slyken kam auch nie mit leeren Händen.

Die Gewohnheit, die er stets gehabt, seine
Lieblingspferde abconterfeien zu lassen, kam ihm
bei seinen indirekten Bewerbungen um die Gunst
Jaquettas sehr zu Statten.

Die Pferde waren nie abgebildet worden,
ohne daß die Jockeys dabei eine Rolle gespielt
hätten und so kam denn auch Dick Hawerton in
Slykens Pferdealbum ein halb Dutzendmal vor.

Slyken aber hatte die Aufmerksamkeit, Jaquetta immer wieder, so oft er nach Wiesbaden
kam, mit einem neuen Portrait Dicks zu überraschen.

Außer dem Grafen kam aber noch eine andere,
viel anspruchslosere Person von Zeit zu Zeit zu
Jaquetta.

Auf den Gensdarm, der der erste zur Stelle gewesen war, als Dick verunglückte, hatte die schöne, in Thränen zerfließende Jaquetta einen eben so nachhaltigen Eindruck gemacht, wie auf den Grafen.

Jaquetta war ihrerseits von der Theilnahme, die ihr der junge Mann bewies, tief ergriffen. Es lag etwas so Schlichtes, Gewinnendes in seinem ganzen Wesen und in der Art, mit der er ihr vom ersten Augenblick an entgegenkam, daß sie ihn immer wieder gern kommen sah, obwohl er sie an die traurige Katastrophe lebhafter als jeder Andere gemahnen mußte. Aber gerade daß dies der Fall war, das erhöhte ihr Interesse für ihn, da sie sich sagte, daß er vielleicht derjenige Mensch sei, auf welchem Dicks Auge in dem Augenblick geruht, wo es brach und sich für immer schloß.

Der Gensdarm hatte an Dicks Beerdigung theilgenommen wie ein Leidtragender und hatte sich einige Tage später bei Jaquetta eingefunden um sie zu trösten und ihr seine Hilfeleistung anzubieten, wenn sie irgend wie in die Lage käme, fremde Hilfe anrufen zu müssen.

Jaquetta hatte ihm gedankt und zwar mit einer Herzlichkeit, die ihn glauben ließ, daß er nicht zu viel wage, wenn er wieder einmal käme, um sich nach Jaquettas Befinden zu erkundigen.

Die Ansprache that Jaquetta wohl, umsomehr als sie sich mit dem jungen Manne in einer Sprache unterhalten konnte, die ihr geläufig war, während sie das Deutsche nur gebrochen sprach. Der Gensdarm, der eine gute Erziehung genossen hatte und erst später durch Unglücksfälle, die seine Familie betroffen hatten, zu einer Laufbahn hingedrängt worden war, die er nur als einen Nothanker ergriffen, war in der Lage, mit Jaquetta in der französischen Sprache, die gleichsam ihre zweite Muttersprache war, verkehren zu können. Das that der Armen zwiefach wohl und sie nahm es dankbar an, als er ihr französische Bücher brachte.

Was sie aber bis zu Thränen rührte und ihre wohlwollende Gesinnung für ihn vollends festigte, das war eine Aufmerksamkeit, die er ihr erwies, als das Alleinsein in den Tagen, da sie sich eben ihres Kindes entschlagen hatte, am schwersten auf ihr lastete. Damals hatte er ihr ein vlämisches Buch gebracht, das er eigends aus

Belgien hatte kommen lassen, um ihr eine Freude
zu machen.

Es war zufällig ein Buch von Conscience,
welches einmal vor Jahren ihre Mutter gelesen
und in welchem auch sie geblättert hatte. Das
Buch führte die Sprache ihrer Heimath, ihrer Kind=
heit — die Sprache, die sie zuerst gesprochen hatte
und in welcher sie aufgewachsen war. Seit dem
Anblick ihrer Mutter hatte sie keine Freude em=
pfunden, die ihr so wohlgethan hätte, wie der
Besitz dieses Buches, das der ihr fremde Mann
mit vielem Zartsinn in ihre Hand gelegt.

Das melancholische, durch wenige Lichtblicke
aufgehellte Stillleben, welches Jaquetta führte,
erfuhr plötzlich eine Störung, als Jaquetta eines
Tages im Comptoir des Bankierhauses, bei dem
sie ihr Vermögen erliegen hatte, anstatt der Zin=
sen, die sie erheben wollte, die Mittheilung erhielt,
daß das Haus so eben seine Zahlungen eingestellt
hatte.

Jaquetta hatte kein Verständniß dafür, was
dies zu bedeuten habe. Sie wußte nicht, ob sie
um ihr ganzes Geld gekommen sei oder ob es
sich nur um eine augenblickliche Stockung handle.

Was sie im Augenblick schmerzlich empfand, war nur, daß sie von dem Orte, wo sie mit Sicherheit Geld zu empfangen gerechnet hatte, mit leeren Händen hatte fortgehen müssen.

Als Victor — so hieß der Gensdarm — wenige Tage später zu ihr kam, erzählte sie ihm, was sich mittlerweile zugetragen habe. Victor kannte bereits die Details der Katastrophe, die über das Großhandlungshaus hereingebrochen war, da der Vorfall in Wiesbaden natürlich das größte Aufsehen erregt hatte. Das nun bankerotte Haus hatte sich in der kaufmännischen Welt bis dahin des besten Rufes erfreut, unbedingten Credit genossen und schien überhaupt felsenfest zu stehen. Sein Fall war durch den eines anderen, auswärtigen Hauses herbeigeführt worden, dessen Principal zu dem Chef der Firma in Wiesbaden in verwandtschaftlichen und freundschaftlichen Beziehungen gestanden und ihn zur Ausstellung von Gefälligkeitsaccepten veranlaßt hatte, die auf einmal einzulösen über seine Kräfte ging.

Victor hatte, als er von dem Bankerotte hörte, keine Ahnung davon gehabt, daß Jaquetta durch denselben ins Mitleiden gezogen wurde. Er hatte eben nur jenes allgemeine Interesse dafür bekundet, dessen sich Niemand erwehren kann, wenn ein in weite Kreise eingreifendes Ereigniß plötzlich die Bevölkerung einer Stadt in Bewegung setzt und alle Zungen entfesselt. Jetzt, wo er wußte daß Jaquetta bei dem Fallimente empfindlich betheiligt sei, steigerte sich natürlich sein Interesse und er vervollständigte das, was er bereits über die Katastrophe und ihre wahrscheinlichen Folgen wußte, durch die eingehendsten Nachforschungen. Als Resultat derselben konnte er Jaquetta bald die beruhigende Aufklärung geben, daß die Sache keineswegs verzweifelt stehe. Das bankerotte Haus hatte große Activa, die, wenn sie vielleicht auch langsam eingingen, doch zu keinen Besorgnissen Veranlassung gaben; dann waren auch Realitäten da, deren Verkauf, wenn er nicht forcirt zu werden brauchte, allein die Hälfte der Passiva deckte.

Es war eigentlich nur der dritte Theil der Summe gefährdet, die Slyken für Jaquetta bei dem nun salliten Geschäftshause angelegt hatte. Aber was das Schlimme war, die Abwickelung der Sache konnte Monate, ja Jahre dauern und mittlerweile war weder von einer Interessenzahlung, noch von der Flüssigmachung eines Theiles des gefährdeten Capitals die Rede. Jaquetta war daher auf lange hinaus auf ihre eigenen Kräfte hingewiesen und befand sich in einer trostlosen Lage, da nun die Nöthigung an sie herantrat, etwas zu erwerben, um leben zu können. Nun war sie aber schon zu Hause und später als Dicks Gattin noch weit mehr dem praktischen Leben so fern gestanden, daß sie gar keine Idee davon hatte, wie sie es anfangen müßte, um etwas zu erwerben.

In ihrer Bedrängniß dachte Jaquetta an Slyken, der bisher die Stelle der Vorsehung ihr gegenüber vertreten und der ihr daher natürlich zuerst einfiel.

„Wenn nur der Graf hier wäre" seufzte Jaquetta, nachdem ihr Victor den Stand der Sache auseinandergesetzt hatte, „er würde mir rathen und helfen!"

„Der Graf Slyken?" fragte Victor mißtrauisch.

Jaquetta bejahte.

„Er hat allerdings die moralische Verpflichtung sich Ihrer anzunehmen" bemerkte Victor, „einmal schon, weil Ihr Gatte in seinem Dienste

verunglückt ist, und dann auch, weil er Ihr Geld
bei dem nun bankerotten Bankier angelegt hat.
Ich zweifle auch keinen Augenblick, daß er etwas
Ausgiebiges für Sie thun und namentlich den
Schaden, den Sie durch den Fall des Bankhauses er=
leiden, ausgleichen wird. Aber haben Sie auch be=
dacht, daß Sie in eine um so größere Abhängigkeit
von ihm gerathen, je mehr er für Sie thut?"

„Was wollen Sie damit sagen?" fragte Ja=
quetta, zu erhöhter Aufmerksamkeit angeregt. „Ich
verstehe sie nicht ganz."

„Der Graf ist ein Lebemann, die Vorliebe
für Frauen ist seine schwache Seite und man
kann nicht wissen, ob es ihm nicht einmal in den
Sinn kommt, sich die Wohlthaten, die er Ihnen
erweist, mit Zinsen heimzahlen zu lassen!"

Jaquetta erwiederte nichts, aber sie schien
Victor zu verstehen, trotzdem sie ein naives Ge=
müth hatte und bisher von jeglichem Mißtrauen
frei gewesen war.

Nach einer Weile richtete sie an Victor, indem
sie ihn dabei schüchtern ansah, die Frage:

„Was sollte ich nach Ihrer Ansicht thun,
um mein Leben zu fristen?"

„Sie überraschen mich durch diese Frage," entgegnete Victor, „aber wenn Sie wirklich Vertrauen zu mir haben und glauben, daß ich im Stande wäre, Ihnen einen vernünftigen Rath zu geben, so will ich über die Sache nachdenken!"

„Sie werden mich verbinden, wenn Sie dies thun!" schloß Jaquetta mit einem sanften Lächeln die Unterhaltung.

Nach zwei Tagen kam Victor wieder und sagte:

„Ich habe mir den Fall überlegt und bin zu dem Schlusse gekommen, daß Sie am besten thäten, wenn Sie dem Grafen so wenig Einfluß als möglich auf Ihr künftiges Geschick gestatteten. Will er Ihnen Gutes erweisen, so mag er es thun, Sie brauchen es nicht abzulehnen, aber er darf nicht sehen und glauben, daß Sie nur von seiner Gnade leben."

„Wovon soll ich denn leben?" fragte Jaquetta mit einem naiven Aufschlage ihres schönen Auges. „Lasse ich den Grafen nicht für mich sorgen, so muß ein Anderer diese Sorge übernehmen und ich gerathe dann diesem gegenüber in dieselbe gefährliche Lage und schiefe Stellung!"

„Warum wollen Sie es nicht versuchen, etwas

für sich selbst zu thun?" fragte Victor lebhaft. „Versuchen Sie es, sich aus Ihrem Schmerze zu einiger Energie und Selbstständigkeit aufzuraffen und ich bin überzeugt, daß Sie ganz auf Ihren eigenen Füßen zu stehen vermögen. Ich bin so= gar in der glücklichen Lage, Ihnen einen Vor= schlag machen zu können!"

„Ich weiß nicht, ob Sie meine Fähigkeit, mich dem praktischen Leben anzuschmiegen, nicht über= schätzen!" bemerkte Jaquetta kleinlaut.

„Es käme eben auf einen Versuch an!"

„Lassen Sie hören."

„In Wiesbaden lebt eine alte Frau, eine Ba= ronin, in großer Zurückgezogenheit von der Welt, die jedoch nicht so weit geht, daß sie nicht Ver= langen trüge, ein feineres Wesen, halb Gesell= schafterin, halb Kammerfrau, um sich zu haben, das sie ankleiden, ihr vorlesen, mit ihr plaudern soll. Bisher hat meine Schwester diese Stelle in ihrem Haushalte eingenommen. Meine Schwe= ster hat aber vor einiger Zeit das Glück gehabt einen jungen Mann kennen zu lernen, der an ih= rem stillen, sinnigen Wesen, das in vieler Bezie= hung an das Ihrige mahnt, Gefallen gefunden hat. Der junge Mann ist in der Lage, ihr eine angenehme Häuslichkeit bieten zu können und meine Schwester hat den ehrenvollen Antrag ihm ihre Hand zu reichen, angenommen. Sie übersiedelt in wenigen Tagen in das Haus ihrer künftigen Schwiegereltern. Dadurch wird die Stelle bei der Baronin Feuchtwangen vacant und diese Stelle, glaube ich, würde für Sie pas=sen! Ich habe mit meiner Schwester Rücksprache darüber gehalten und sie bereit gefunden Sie der Baronin zu empfehlen!"

„Sie sind sehr gütig und Ihre liebe Schwester ist es auch!" sagte Jaquetta gerührt. „Aber werde ich auch im Stande sein, den Platz, den Sie mir zudenken, auszufüllen?"

„Mit einer alten Frau ist leicht auszukommen wenn man ein wenig Geduld hat! Und daß Sie besser französisch als deutsch sprechen, wird Ihnen noch zur ganz besonderen Empfehlung gereichen! Unser Adel ist nun einmal so, daß er auf das Fran=zösische mehr Gewicht legt, als auf das Deutsche!"

Jaquetta überlegte eine Weile und drückte dann ihre Geneigtheit aus, bei der Baronin ein=zutreten, wenn diese auf sie reflectirte.

Während Jaquetta in Wiesbaden ernstlich
mit dem Gedanken umging, ihr Leben, ihre ganze
Existenz und Zukunft auf eine andere Basis zu
stellen, die zur Emancipirung von dem Grafen
Slyken führen mußte, erhielt dieser in Berlin,
wo er eben weilte, die Nachricht von dem Falle
des Hauses in Wiesbaden, bei welchem auch er
etwas Geld stehen hatte.

Sobald der erste Verdruß überwunden war,
stellte sich ein Gefühl behaglicher Genugthuung
ein. Er dachte an die niedliche Jaquetta und
was er dachte, läßt sich in die vier Worte zusammen fassen: nun habe ich sie!

Jetzt konnte sie ihm nicht entgehen, er brauchte
nur als Retter in der Noth zu erscheinen, die ver-
schobenen Verhältnisse zu arrangiren, Jaquetta aus
ihren Besorgnissen zu reißen und mit neuem Com-
fort zu umgeben — und sie war ihm so gut wie
sicher. Wenn er sich ihr gefühlvoll näherte, an
die Stelle des väterlichen Beschützers allmählig
den von Jaquettas Reizen bezauberten Liebhaber
treten ließ, so war zehn gegen eins zu wetten, daß
er über die Dick Hawerton'schen Reminiscenzen
siegreich zur Tagesordnung eines festen Verhält-

niſſes mit Jaquetta gelangte, deren Reize ihm immer
mehr in die Augen ſtachen, je öfter er mit der nied=
lichen, ſich ihrer Liebenswürdigkeit ſo wenig be=
wußten Wittwe zuſammen kam und ſie mit den weit
prätentiöſeren und darum doch nicht reizenderen
Erſcheinungen jener Kreiſe verglich, in denen er
ſich zumeiſt bewegte.

Viertes Kapitel.

Anatol.

Slykens bemächtigte sich eine lebhafte Verstimmung als er Jaquetta im Hause der Baronin Feuchtwangen untergebracht fand. ·

Er mußte sich bemeistern, um nichts von der Mißstimmung, die ihn erfüllte, in der Unterredung durchklingen zu lassen, die er mit Jaquetta hatte. Er fand es für das Gerathenste, gute Miene zum bösen Spiele zu machen und Jaquetta wegen des unerwarteten Schrittes, der sie seiner Machtsphäre entzog, zu loben.

„Sie haben sehr gut daran gethan, Madame Hawerton, daß Sie eine Anlehnung suchten" sagte er. „Sie werden in dem Verkehr mit Menschen Zerstreuung finden und der Mechanismus des alltäglichen Lebens, das Geschäft, das täglich re-

gelmäßig verrichtet sein will, wird Sie bald Ihren traurigen Gedanken vollends entrücken. Ich
bitte Sie aber nie zu vergessen, daß Sie es nicht
nöthig haben, fremde Launen zu ertragen. Es fällt
mir nicht ein, der Baronin Feuchtwangen, die
ich nur oberflächlich kenne und mit der ich alljährlich nur zwei, dreimal in Berührung komme,
wenn ich ihr Grüße, Briefe oder kleine Sendun-
gen ihrer in Berlin lebenden Verwandten über-
bringe, etwas Nachtheiliges nachzusagen. Aber
sie ist eine alte Frau, hat als solche unzweifelhaft ihre Eigenheiten und es könnte Ihnen da
mit der Zeit manches aufstoßen, was Ihnen den
Aufenthalt in ihrem Hause verleidete. In diesem Falle bitte ich Sie, sich zu erinnern, daß Sie
in mir einen Freund besitzen, der den Willen und
die Mittel hat, Sie aus jedem Abhängigkeitsver-
hältnisse zu befreien, sobald dies Ihr Wunsch ist.
Daß ich Ihnen übrigens den Schaden, den Sie
durch den Fall des Bankierhauses, bei dem ich
in gutem Glauben auf dessen Solidität Ihr Vermögen angelegt habe, erleiden dürften, ersetzen
werde, das versteht sich von selbst!

Jaquetta dankte dem Grafen für seine guten

Absichten, fühlte sich jedoch, nachdem er sie ver=
lassen, innerlich erleichtert und ganz befriedigt da=
rüber, daß sie von Victors Vermittlung Gebrauch
gemacht und sich durch die Annahme der Stelle
im Hause der Baronin von Slykens Einfluße
befreit hatte. Es graute ihr vor dem Gedanken
daß der Graf je Ansprüche auf sie hätte erheben
können und daß die Erinnerung an die Wohltha=
ten, die er ihr erwiesen, eine so mächtige hätte
werden können, daß sie sie bestimmt hätte, sich
diesen Ansprüchen zu fügen. Der Gedanke an
ungelöste Verpflichtungen, die man auf sich lasten
fühlt, macht leicht willenlos und gefügig. Ja=
buetta war daher Victor doppelt dankbar dafür
daß er sie sehend gemacht, wo sie blind umher
tappte.

Wenn es einen Mann in der Welt gegeben
hätte, der im Stande gewesen wäre, Jaquettas
Herz zu rühren und das Andenken an Dick so
weit aus diesem Herzen wegzuschmelzen, daß es
sich ihm in Liebe zugewendet hätte, so wäre dieser
Mann viel eher Victor als der Graf von Slyken
gewesen.

Manchmal, wenn Jaquetta den jungen, hüb=

schen, an ihrem Schicksal theilnehmenden Mann
betrachtete, der so viel Ergebenheit für sie zur
Schau trug, wenn sie sich seiner Intervention bei
der Katastrophe, die ihrem Leben eine neue Wen=
dung gegeben, erinnerte, so war es ihr zu Muthe,
als ob Dick selbst sie gleichsam mit dem letzten
Blicke seines brechenden Auges Victors Schutz
überantwortet habe und als ob es kein Ver=
brechen wäre, wenn sie einen Theil der Gefühle,
mit denen sie an Dick gehangen, auf ihren neuen
Beschützer übertrüge.

Seit sie dieser dadurch, daß er ihren Blick
in Bezug auf Slyken geschärft, einer drohenden
Gefahr entrückt hatte, war er ihr natürlich noch
näher getreten und sie erblickte keine Profanation
des Andenkens an Dick darin, wenn sie Victor
mit vermehrter Herzlichkeit entgegenkam.

Slyken hielt sich nicht lange in Wiesbaden
auf. Er trug, als er ging, einen tiefen Groll
gegen Jaquetta im Herzen mit sich fort, da er
es ihr, je mehr er darüber nachdachte, desto
weniger verzeihen konnte, daß sie ihm in dem Augen=
blicke, wo er dem Ziele so nahe zu sein glaubte,
einen Strich durch die Rechnung gemacht hatte.

Er nahm sich vor, sie genau zu beobachten und es sie bei Gelegenheit entgelten zu lassen, daß sie ihm entschlüpft sei.

Die Gelegenheit Revanche zu nehmen, ließ nicht lange auf sich warten.

Die Baronin Feuchtwangen hatte einen Nef= fen, der in Böhmen ein Gut besaß.

Der junge Mann war bis vor Kurzem noch unter Vormundschaft gestanden und hatte erst vor wenigen Monaten sein zwanzigstes Jahr vollendet und die selbstständige Verwaltung seines Vermögens in die Hände genommen.

In den letzten zwei Jahren war er auf Reisen gewesen, wobei sein ehemaliger Hofmeister die Rolle des Begleiters und Reisemarschalls gespielt hatte.

Unmittelbar nach seiner Rückkehr hatte ihn die Uebernahme des Gutes so ganz in Anspruch genommen, daß er nur selten in Wiesbaden bei seiner Tante erschienen war.

Nachdem er seine Angelegenheiten in Böhmen geordnet hatte, kam er öfter nach Wiesbaden und fand bald an dem Badeleben und ganz besonders an den Spielsälen ein solches Gefallen, daß er

sich daselbst fast häuslich niederließ und den größten Theil des Jahres dort zubrachte.

Im Hause seiner Tante lernte er Jaquetta
kennen.

Die sanfte, melancholische Schönheit der jungen
Frau machte einen tiefen Eindruck auf das Gemüth
Anatols — so hieß der junge Baron — und
veranlaßte ihn, der noch nie geliebt hatte, seine
Theilnahme der jugendlichen Gesellschafterin seiner
Tante in einem Grade zuzuwenden, daß sich selbst
die naive und arglose Jaquetta hiedurch beun-
ruhigt fühlte. Kaum, daß er die Vorsicht ge-
brauchte, seine lebhaften Sympathien für Jaquetta
vor der Tante zu verbergen — Jaquetta gegenüber machte er aus den feurigen Gefühlen, die
ihn beseelten, kein Hehl und ließ sie Worte ver-
nehmen, die ihr das Blut zu Gesichte trieben.

Es wiederholte sich eben nur an ihm die Erschei-
nung, die man bei jungen Männern, die von allem
weiblichen Umgang mit systematischer Aengstlich-
keit ferngehalten werden, so oft wahrzunehmen
pflegt. Er fing Feuer bei der erstbesten Gelegenheit und war ernstlich verliebt, ehe er sich dessen
versah. Daß Jaquetta um einige Jahre älter

war als er, daß sie Wittwe war, das focht ihn
so wenig an, daß vielmehr der Märtyrernimbus,
der sie in Folge ihrer romantischen Vergangenheit und des schweren Unglückes, das über sie
hingegangen war, umgab, noch dazu beitrug, sie
in seinen Augen interessanter zu machen.

Einer Frau, die berechnet hätte, wäre es ein
Leichtes gewesen, aus Anatols Gefühlen Capital
zu schlagen und sich den jungen, reichen und un-
erfahrenen Mann für die Dauer, vielleicht sogar
fürs ganze Leben dienstbar zu machen. Anatol
war ganz der Heißsporn dazu, um seiner Leiden-
schaft volle Gewalt über sich einzuräumen, keine
Liebe ist so zäh als die erste Liebe eines uner-
fahrenen jungen Mannes für eine Frau, die älter
ist als er.

Die Sachen ließen sich also ganz darnach an,
um auf Anatols Seite mit einer Mesalliance zu
schließen. Es kam eben nur auf Jaquetta an.

Dieser lag aber alle Berechnung fern und die
ungestümen Bewerbungen Anatols versetzten sie
in eine peinliche Lage.

Anatol war jung, hübsch, feurig, reich — aber
Jaquetta liebte ihn eben so wenig wie sie Slyken

liebte. Wenn sie jemanden nach Dick hätte lieben
können, so wäre es Victor, der arme Gensdarm,
gewesen, nicht aber Slyken, der alternde Lebemann und auch nicht Anatol, der den Kinder-
schuhen kaum entwachsene Jüngling, dessen Wohl-
gefallen sie erregt hatte.

So befand sie sich im Hause der Baronin
Feuchtwangen wenige Wochen, nachdem sie es
betreten hatte, um in demselben eine ruhige, un-
angefochtene Existenz zu finden, in einer höchst
unerquicklichen Lage.

Fünftes Kapitel.

Der Ring.

———

Slyken hatte wieder einmal einen Abstecher nach Wiesbaden gemacht und tummelte sich in den Spielsälen umher, die, nachdem sie, wie alljährlich, drei Monate geschlossen gewesen, eben wieder geöffnet worden waren.

Während er an einem der Tische, an welchem trente et quarante gespielt wurde, mehr dem Spiele zusah, als an demselben Theil nahm, da er nur zeitweise einige Friedrichsd'or hinwarf, machte ihn ein Bekannter auf einen jungen Mann aufmerksam, der in erster Linie saß und sich sehr lebhaft und mit großen Summen am Spiele betheiligte.

„Sehen Sie den männlichen Backfisch," sagte Slyken's Freund, die Aufmerksamkeit des Grafen auf den jugendlichen Spieler lenkend, „er geht am Spieltische ebenso toll drauf los wie in der Liebe! Er ist kaum auf die eigenen Füße gestellt worden und ist bereits auf dem besten Wege sich zu ruiniren!"

„Von wem sprechen Sie?" fragte Slyken nachlässig, indem er seinen Nasenklemmer aufsetzte und die Gegend recognoscirte, die der Andere seiner Aufmerksamkeit empfohlen hatte. „Meinen Sie jenen Blondin mit dem dünnen Bartanfluge, dem der Croupier soeben den Goldhaufen vor der Nase wegscharrt?"

„Denselben!" entgegnete der Andere.

„Was hat's mit ihm auf sich? he?

„Er hat sich rasch ein Renommée erworben, indem er sich kopfüber in eine unpassende Liaison warf. Er betreibt die Geschichte mit einem Feuereifer, der ihn lächerlich macht — ganz so, als ob's eine Herzogin wäre, der er seine Liebe vorgirrt und nicht die Wittwe eines Jockeys!"

„Die Wittwe eines Jockeys?" murmelte Slyken, dessen Aufmerksamkeit plötzlich in hohem Grade angeregt war.

„Ja," fuhr der Andere fort, „und wenn mir's

recht ist, so ist's sogar die Wittwe jenes Jo=
ckeys, der beim letzten Rennen den Hals brach
— war's nicht Ihr Bursche, Slyken?"

„Ganz recht!" entgegnete Slyken. „Und mit
der Wittwe meines Jockeys, sagen Sie, hat jener
junge Mann angeknüpft? Irren Sie sich nicht?"

„Ganz und gar nicht! Er ist wie toll hinter
der Wittwe drein und läuft Sturm auf das Haus
seiner Tante, der Baronin Feuchtwangen, seit
die Wittwe des Jockeys bei der Baronin dient!"

Slyken konnte jetzt nicht mehr zweifeln, daß
Jaquetta die Frau war, um deren Liebe sich der
junge Baron Feuchtwangen so angelegentlich be=
warb, und es lag etwas wie Haß in dem Blicke,
den er jetzt auf seinen jugendlichen Rivalen richtete.

„Hat ihm die Wittwe Hawerton Avancen
gemacht?" fragte Slyken lebhaft.

Der Andere zuckte mit den Achseln und ent=
gegnete:

„Das ist ein Punkt, über welchen die Chronik
nicht im Klaren ist. Die Einen sagen, daß zwi=
schen den beiden jungen Leuten Alles im Reinen
und die alte Baronin die einzige Person in Wies=
baden ist, die nichts von der entente cordiale

merkt; die Andern wieder wollen behaupten, daß Feuchtwangen bisher mit seinen stürmischen Bewerbungen Fiasco gemacht habe und ihm das einzige Heil aus der Beharrlichkeit erwachsen könne. Die letztere Version mag glauben, wer will, ich denke, die Wittwe des Jockeys wird sein wie alle Frauen und sich auf ihren Vortheil verstehen!"

Slyken horchte kaum mehr auf die Bemerkungen des Anderen, sondern wandte seine ganze Aufmerksamkeit dem Baron zu, den er unverwandt fixirte.

Dieser junge Mensch, dachte er grollend bei sich, sollte mich bei der Wittwe ausstechen? Wenigstens will ich ihn nicht ruhig gewähren lassen sondern ihm einen kleinen Streich spielen! Seine Tante weiß nichts von der Sache — wir wollen ein gutes Werk thun und ihr die Augen öffnen! — Sie wird die Schlange, die sie arglos an ihrem Busen genährt hat, von sich abschütteln und dann wird es sich zeigen, ob die niedliche Wittwe eine Tugendheldin, oder was ich beinahe glaube, eine Coquette ist, die den ältern Freund mit Achtung bei Seite legt, wenn sie einen jüngeren Freund haben kann.

Während sich Slyken's Gedanken in dieser Richtung bewegten, faßte er den Baron, der sich für ihn so plötzlich aus einer ganz gleichgiltigen in eine interessante Persönlichkeit umgewandelt hatte, so scharf in's Auge, daß ihm nichts entging, was der junge Mann Auffälliges an sich hatte. Er wurde nicht müde, seine Züge, seine Toilette zu mustern und er wußte nicht, wie es kam, daß sein Blick bei der Musterung immer wieder den funkelnden Ring streifte, den der junge Baron am kleinen Finger der rechten Hand trug.

Der Ring war aus Brillanten zusammengesetzt, die weithin leuchteten, so oft Feuchtwangen eine rasche Bewegung mit der Hand machte. Eine Rosette von erbsengroßen Brillanten umgab eine kleine Photographie.

Wen das Miniaturportrait darstellte, vermochte Slyken aus der Entfernung nicht zu unterscheiden, aber es schien, als ob der Ring für Jemanden bestimmt sei, da er an dem kleinen Finger stak, an welchem man nur in seltenen Fällen Ringe zu tragen pflegt.

Der Ring, welcher eben auf den kleinen Finger des Barons paßte, hatte eine Peripherie, eben groß

genug, den Mittelfinger einer Frau zu umspannen.
Es war also wahrscheinlich, daß der Baron den
kostbaren Ring nur provisorisch auf seinem kleinen
Finger untergebracht habe, um mit ihm bei guter
Gelegenheit den Finger einer Frau zu schmücken.
Vielleicht war das Portrait, welches die Brillan-
ten einrahmten, das des Barons und der Ring
hatte die Bestimmung, als Liebesgabe in Jaquettas
Hand zu gleiten.

Indem sich Slyken, von Eifersucht gepeinigt,
solchen Combinationen hingab, nahm er sich vor,
den Ring, der nun einmal seine Aufmerksamkeit
erregt hatte, nicht aus dem Auge zu lassen und
die Wege zu verfolgen, die er wandeln würde.
Dieselbe Aufmerksamkeit wollte er dem Eigenthü-
mer des Ringes selbst widmen und er hatte sich
dies kaum vorgenommen, als die Verlockung, aus
seinen Vorsätzen Ernst zu machen, an ihn
herantrat.

Der Baron erhob sich, nachdem er eine bedeu-
tende Summe verloren hatte und machte Miene,
den Spieltisch zu verlassen.

Slyken überlegte, ob er ihm folgen solle —
warum nicht? hatte er doch kein dringendes Ge-

schäft, das ihn hier festhielt oder nach einer be=
stimmten Richtung zog.

Er verließ daher gleichzeitig mit dem Baron
das Curhaus und schlug den Weg nach der rech=
ten Colonnade ein, da er Feuchtwangen auf die
linke Colonnade zuschreiten sah.

Er schritt parallel mit ihm, ohne ihn aus den
Augen zu lassen, und als er den Baron die steile
Straße hinangehen sah, die in die innere Stadt
führte, folgte er ihm in unverfänglicher Entfer=
nung auch dahin.

Es war dies die Richtung, die zur Wohnung
der Baronin Feuchtwangen führte.

In der That bog der Baron auch bald in
die Straße ein, in welcher die Baronin wohnte.
Elyken ließ ihn in das Haus, dessen erste Etage
die Baronin inne hatte, eintreten und beschloß
seine Rückkehr zu erwarten. Er sah auf die Uhr.

Es war halb fünf und wenn er sich recht er=
innerte, so war dies ungefähr die Stunde, in
welcher er einmal die Baronin hatte besuchen
wollen und abgewiesen worden war, weil es hieß,
daß die alte Frau, welche zeitig zu speisen pflegte,
um diese Zeit ihr Nachmittagsschläfchen halte.

Indem sich Slyken dieses unbedeutenden Vor=
falles erinnerte, glaubte er annehmen zu dürfen,
daß der Besuch des jungen Barons viel eher je=
mand Anderem als der Baronin gelte.

Slyken mochte eine halbe Stunde geduldig
gewartet haben, indem er bald die Straße auf=
und niederschritt, bald in das Haus, in welchem
die Baronin wohnte, eintrat und die Flur und
die Treppe recognoscirte, als plötzlich von der
Treppe her das Geräusch rascher Tritte ertönte.

Mit einer instinctiven Bewegung, die ihm der
Gedanke einflößte: das kann er sein, wandte sich
Slyken, der eben wieder das Haus, in dem er
einen Augenblick verweilt hatte, verlassen wollte,
der Treppe zu.

Es war in der That der Baron, der die Treppe
hinabschritt. Er schien aufgeregt zu sein und
zu eilen.

Slyken hatte sich vorgenommen, ihn aufzuhalten.

Er begegnete ihm auf dem ersten Treppenab=
satze, griff an den Hut und fragte mit der gleich=
giltigsten Miene von der Welt:

„Vielleicht können Sie mir sagen, mein Herr,
ob hier die Baronin Feuchtwangen wohnt?"

Während Slyken diese anscheinend so harmlose Frage an den Baron richtete, musterte er diesen aufmerksam.

Er mußte sich sagen, daß der junge Mann wirklich mehr darnach aussah, als ob er von einem Rendezvous käme, als von einer frostigen Unterredung mit einer alten Tante. Sein Gesicht war geröthet, sein Auge glühte, und er machte aus seiner Ungeduld, dem unberufenen Frager, der ihm den Weg vertrat und der ihm doch zu distinguirt aussah, als daß er ihn hätte brüsk bei Seite schieben und ohne Antwort lassen können, zu entkommen, kein Hehl.

Mit einem hastigen: „Im ersten Stock, mein Herr" suchte er an Slyken vorbeizuschlüpfen.

Dieser hatte ihn inzwischen so gut in's Auge gefaßt, daß er sogar wahrgenommen hatte, daß der Brillantring mit dem Miniaturportrait nicht mehr an dem Finger stack, an welchem ihn der Baron stecken gehabt, als er das Curhaus verließ.

War er also bei Jaquetta gewesen, so hatte er dieser den kostbaren Ring mit seinem Portrait gegeben. Und wenn ihn Jaquetta angenommen hatte, so warf dies ein bedeutungsvolles Schlaglicht auf die Beschaffenheit des Verhältnisses, das zwischen beiden bestand, und strafte unbedingt jene Lügen, welche die Ansicht vertraten, daß sich Jaquetta den lebhaften Bewerbungen des jungen Barons gegenüber abwehrend verhalte.

Indem sich bittere Gefühle gegen Jaquetta in seiner Brust regten, erstieg Slyken vollends die Treppe zum ersten Stock.

Er läutete und Jaquetta öffnete ihm.

Sie schien also jeden Andern von der Thür fern zu halten oder mit der Köchin und dem Bedienten, welche beide außer Jaquetta den ganzen Hausstand der Baronin ausmachten, im Einverständnisse zu sein, so daß es ihr diese zu gewissen Stunden anheim stellten, etwaige Besuche ganz allein zu empfangen.

Jaquetta schien verlegen und aufgeregt zu sein. Sie stammelte mehr, als sie sprach, als sie den Grafen begrüßte und ihn bat, weiter zu kommen. Sie wußte offenbar nicht, wem sein Besuch galt, ob ihr, ob der Baronin und das schien sie zu beunruhigen.

Slyken fragte sie mit gutgespielter Harmlosigkeit, wie es ihr gehe und ob die Baronin zu sprechen sei.

Dabei manövrirte er so geschickt, daß er, ehe sich Jaquetta dessen versah, in ihrem Zimmer stand, dessen Thür Jaquetta angelehnt gelassen hatte, als sie hinausgegangen war, Slyken zu öffnen.

Da dieser Jaquetta bereits einmal besucht hatte, so wußte er, wo ihre Stube lag, und es war ihm ein Leichtes, sich in dieselbe einzudrängen.

In diesem Augenblicke schien ihm viel daran gelegen zu sein, einen Ueberblick von Jaquetta's Zimmer zu erlangen.

Er fand in demselben wider sein Vermuthen Alles in bester Ordnung.

Nur die Schublade eines Kastens war offen.

Jaquetta war offenbar gestört worden, als sie im Begriffe gewesen, etwas in diesen Kasten zu thun.

Allem Anscheine nach war er der Störer gewesen und das, was Jaquetta in dem Kasten hatte unterbringen wollen, dürfte der Ring gewesen sein. Der Umstand, daß der Ring von der Hand des Barons verschwunden war, schien Slyken die Berechtigung zu diesen Combinationen zu geben.

Während sich Slyken orientirte, beantwortete Jaquetta etwas zaghaft seine Frage nach der

Baronin damit, daß sie ihm sagte, daß die Frau
Baronin sich soeben vom Sopha, auf dem sie ihr
Nachmittagsschläfchen zu halten pflege, erhoben und
ihr geklingelt habe.

Slyken hatte also recht calculirt — bei der
Baronin war Feuchtwangen nicht gewesen. Sein
Besuch hatte ausschließlich Jaquetta gegolten und
er hatte sich mit Zurücklassung des Ringes davon
gemacht, als die Baronin durch das Glockenzeichen,
durch das sie Jaquetta in ihr Zimmer rief, zu
erkennen gab, daß sie erwacht sei.

Slyken schickte seine Karte in's Zimmer und
wurde alsbald von der Baronin empfangen.

„Ich komme, Frau Baronin, Sie zu fragen,
ob Sie nicht eine Bestellung nach Berlin haben,
da ich in wenigen Tagen dahin abreise," sagte
Slyken, nachdem die gewöhnlichen Begrüßungs-
formeln ausgetauscht waren.

„Ich danke Ihnen, Herr Graf, aber ein Freund
meines Neffen, der vorgestern nach Berlin gereist,
hat Alles zu besorgen übernommen, was ich im
Augenblick in Berlin bestellt wünschte."

„Es thut mir leid, daß es mir bisher versagt
war, die persönliche Bekanntschaft Ihres Herrn

Neffen zu machen! Man hat mich bereits im Curhause auf den jungen Mann aufmerksam ge= macht und da ich mich schon aus dem Grunde für ihn interessire, weil ich die Ehre habe, Sie zu kennen, so war ich schon nahe daran, mich ihm sans façon vorzustellen, als ich ihm vorhin auf der Stiege begegnete!"

„Auf welcher Stiege?"

„Auf welcher sonst als auf der, die zu Ihrer Wohnung führt?" warf der Graf nonchalant hin. „Der Baron ging die Treppe hinab, während ich dieselbe erstieg. Er kam gewiß von Ihnen!"

„Ich habe geschlafen und keinen Menschen bei mir gesehen!" rief die Baronin verwundert.

„Wo könnte der junge Mann dann gewesen sein?" bemerkte Elyken lächelnd. „Am Ende ist's doch wahr, was man mir sagte, als man mich zum ersten Mal auf Ihren Neffen aufmerksam machte; die Sache kam mir damals gar zu un= glaublich vor!"

„Was hat man Ihnen gesagt, Herr Graf?" rief die Baronin heftig.

„Daß es zwischen Ihrem Neffen und Ihrer

Kammerfrau oder was die Person ist, nicht ganz
richtig ist!"

Die Baronin erhob sich wie eine gereizte Löwin.

"Sprechen Sie im Ernst, Herr Graf?" rief sie.

"Ich wiederhole nur, was man mir gesagt
hat!" sagte Slyken achselzuckend. "Es kann wahr
sein — es braucht aber auch nicht wahr zu sein,
obwohl die Thatsache, daß der Baron vorhin in
Ihrem Hause war, ohne Sie besucht zu haben,
dafür zu sprechen scheint, daß etwas an der
Sache ist."

"Sie haben Recht und ich will der ganzen
Sache gleich auf die Spur kommen!" rief die
Baronin, indem sie nach der Glocke griff.

"Was wollen Sie thun, Frau Baronin?" rief
Slyken, indem er die Baronin zurückhielt.

"Ich will Jaquetta herbeirufen!"

"Das hieße die Sache beim falschen Ende an=
fassen!" bemerkte der Graf. "Ich halte es für
klüger, wenn Sie Jaquetta nichts merken lassen
und die Rolle einer scharfen Beobachterin spielen,
bis sich Ihnen ein triftiger Anhaltspunkt darbie=
tet! Vielleicht kann Sie etwas auf die Spur der
Wahrheit leiten — ich vermuthe, daß Ihr Neffe

heute Jaquetta einen kostbaren Brillantring, der
sein Portrait enthält, geschenkt habt!"

„Nicht möglich!"

„Bei einem Brausekopf von zwanzig Jahren,
der eben erst von der Leine befreit wurde, an
welcher ihn sein Hofmeister bisher festhielt, ist
Alles möglich!"

Slyken empfahl sich von der Baronin und
diese ging mit sich zu Rathe, welche Haltung sie
der ganzen Angelegenheit gegenüber einnehmen solle.

Der Rath Slyken's, vor der Hand nichts zu
veranlassen, sondern abzuwarten und die Dinge
sich entwickeln zu lassen, war ein guter und jeder
der weniger adelsstolz und mißtrauisch gewesen
wäre als die Baronin, hätte ihn gewürdigt und
zur Richtschnur seines Benehmens gemacht.

Die Baronin witterte plötzlich eine Intrigue
darin, daß Jaquetta Anstrengungen gemacht, in
ihr Haus zu kommen und betrachtete sich als das
Opfer dieser Intrigue.

Sie bildete sich ein, daß das Verhältniß ihres
Neffen mit Jaquetta, an dessen Bestand sie keinen
Augenblick zweifelte, weiter zurück datire als bis
zu dem Eintritt Jaquetta's in ihre Dienste und

daß es zwischen den beiden Liebenden abgekartete
Sache gewesen, sie zu dupiren und ihr Haus zu
mißbrauchen, weil es sich, wenn es gelang, Ja=
quetta unter einem guten Vorwande in dasselbe
zu bringen, für Rendezvous am besten empfahl,
da es doch etwas ganz Natürliches und Unver=
fängliches war, wenn der Neffe seine Tante häu=
fig besuchte.

War schon diese Combination, auf welche
die alte Frau verfiel, sobald ihr der Graf den
Rücken gekehrt hatte, ganz geeignet, sie zu erbittern,
so versetzte sie der Gedanke, daß das Verhältniß
ihres Neffen mit Jaquetta einen ernsteren Hinter=
grund haben und über eine gewöhnliche Tändelei
hinausgehen könnte, vollends in eine gereizte
Stimmung.

Das bloße Wort Mesallianz verursachte der
Baronin, die unverheirathet geblieben war, weil
sich keine standesgemäße Partie für sie gefunden
hatte, Krämpfe. Und da sie sich als die natür=
liche Beschützerin ihres um vierzig Jahre jünge=
ren Neffen betrachtete, so glaubte sie es sich, ihm
und ihren beiderseitigen Ahnen schuldig zu sein,
ihn vor dem größten Unheil, das über ihn

kommen konnte, vor einer Mißheirath zu be=
wahren.

Diesen Zweck zu erreichen, schien ihr kein
Mittel unerlaubt und wäre es noch so gewalt=
thätig gewesen. Sie glaubte das Verhältniß
zwischen ihrem Neffen und Jaquetta nicht schnell
genug zerreißen zu können. Sie sah von ihrem
Standpunkte aus in der geringsten Zögerung
eine Gewissenssache und was Slyken von dem
Ringe erwähnt hatte, bot ihr eine Handhabe, den
Bruch über Hals und Kopf herbeizuführen.

Wenn Jaquetta wirklich erst heute den Ring
von ihrem Geliebten erhalten hatte, so befand er
sich jetzt noch unter ihren Sachen und eine Durch=
suchung dieser mußte ihn zum Vorschein bringen.
War er gefunden, so brauchte die Baronin ein=
fach sich so zu stellen, als ob sie keine Ahnung
davon habe, daß Jaquetta mit ihrem Neffen ein
Verhältniß und daß dieser ihr den Ring gegeben
habe. Stellte sich die Baronin aber einmal auf
diesen Standpunkt, dann war es natürlich, wenn
sie Jaquetta aufforderte, sich zu rechtfertigen, wie
sie in den Besitz eines so werthvollen Juwels ge=
kommen sei. Ging sie vollends in ihrer Rücksichts=

losigkeit noch einen Schritt weiter und nahm sie
betreffs des räthselhaften Fundes Jaquetta gegen=
über die Intervention der Behörde in Anspruch,
so war Jaquetta vollends verunehrt und der junge
Baron mußte jeden ernsten Gedanken, wenn er
einen solchen wirklich gehegt haben sollte, der Be=
schimpften gegenüber fallen lassen. Damit hatte
nach der Anschauung der Baronin die Sache ein
Ende und man entschädigte später vielleicht Ja=
quetta für die Schmach, die man ihr angethan.

Sechstes Kapitel.

Ein Verhör.

***

Die Baronin klingelte.

Als Jaquetta auf das Glockenzeichen eintrat, fand sie die Baronin vor ihrem Schmuckkästchen stehen, welches geöffnet war. Der Inhalt desselben, Ringe, Brochen, Colliers, Uhren und andere Gegenstände, lag in bunter Unordnung auf dem Tische umher.

„Holen Sie die Dienstleute herbei!" rief die Baronin Jaquetta in einem schärferen Tone zu, als welchen sie sonst gegen sie anzuschlagen pflegte.

Jaquetta gehorchte.

Als der Bediente und die Köchin eingetreten waren, sagte die Baronin:

„Ich vermisse einen werthvollen Ring. Es wäre mir vollständig unbegreiflich, wie er aus der

12 *

verſchloſſenen Schatulle abhanden kommen konnte,
wenn ich mich nicht erinnerte, daß ich vor eini=
gen Tagen, als ich zum letzten Male ausging, die
Schatulle offen ließ. Damals fiel es mir nicht
ein, Mißtrauen zu faſſen und die Schatulle zu
unterſuchen — jetzt aber, wo ich dieſelbe zufällig
geöffnet und den Verluſt entdeckt habe, kann ich
mich des Verdachtes nicht erwehren, daß nur eine
der in meiner nächſten Umgebung befindlichen
Perſonen den Ring, den ich vermiſſe, an ſich ge=
bracht haben kann."

Eine peinliche Stille folgte dieſer für die drei
Anweſenden ſo verletzenden Mittheilung der Ba=
ronin. Der Bediente und die Köchin, welche beide
bereits durch mehrere Jahre bei der Baronin be=
dienſtet waren, ſahen einander ſtumm an und
richteten dann in ſeltſamer Uebereinſtimmung faſt
gleichzeitig ihre Blicke auf Jaquetta, als auf die=
jenige, welche erſt wenige Wochen im Hauſe und
daher bisher noch nicht in der Lage geweſen war,
Beweiſe ihrer Verläßlichkeit abzulegen, wohinge=
gen ſie jedenfalls diejenige war, welche am direk=
teſten mit der Baronin verkehrte und zu jeder
Stunde Zutritt zu deren Gemächern hatte.

Als ob die Baronin die geheimen Gedanken
ihrer längst bewährten Bediensteten errathen hätte,
richtete auch sie ihre Blicke auf Jaquetta, deren
Antlitz Purpurröthe bedeckte. Sie konnte es kaum
fassen, daß man ihr die Anklage einer unehren=
haften Handlung so zu sagen in's Gesicht schleu=
dern, sie eines Diebstahles beschuldigen konnte!

Die Baronin nahm wieder das Wort, indem
sie sagte:

„Ihr könnt mir den Verdacht, der sich meiner
bemächtigt, nicht verargen — Ihr müßt mir viel=
mehr dankbar dafür sein, daß ich ihn, ehe ich ihn
öffentlich der Behörde mittheile, vorher gleichsam
unter vier Augen gegen Euch ausgesprochen habe!"

„Was denken Sie von uns, gnädige Frau
Baronin!" rief der Bediente. „Wir sind bereit,
unsere Sachen durchsuchen zu lassen." —

„Ja, das sind wir!" stimmte die Köchin zu.
„In welche Lage sind wir gerathen! Wir waren
stets ehrliche Leute!"

„Ich weiß das, da ich Euch seit Jahren kenne!"
fiel die Baronin der Köchin, die vor Entrüstung
weinte, in die Rede und richtete dann von Neuem
ihren Blick mit einem stechenden, lauernden Aus=

druck auf Jaquetta, indem sie sagte: „Sie haben
gehört, Jaquetta, wozu sich diese Leute erbieten
— Sie sind die Letzte in dieses Haus gekommen,
sind Sie auch bereit, Ihre Sachen durchsuchen zu
lassen?"

Jaquetta kämpfte mit sich selbst. Schon schien
sie die Frage bejahen zu wollen, da besann sie
sich plötzlich und machte eine abwehrende Bewegung.

„Sie wollen nicht?" rief die Baronin. „Dann
wird man Sie dazu zwingen! Welchen Grund
können Sie haben, die Durchsuchung Ihrer Sachen zu verweigern, sobald Sie sich unschuldig
fühlen?"

Jaquetta's Blut war in Empörung gerathen
— wenn sie bisher aus dieser oder jener Rücksicht eine Durchsuchung ihrer Sachen gern ver-
hindert hätte, so warf sie jetzt jede Rücksicht über
Bord und sagte, die Thränen, die ihr die Scham
in die Augen getrieben, gewaltsam zurückdrän-
gend, mit herber, fast trotziger Stimme:

„Wohlan denn, so suchen Sie!"

Die Baronin öffnete mit dem Schlüssel, den
ihr Jaquetta gab, den Kasten, in welchem Ja-

quetta ihre Wäsche aufbewahrt hielt. Sie hatte
noch nicht lange in Jaquetta's Eigenthum umher-
gewühlt, als sie einen Ruf der Ueberraschung aus-
stieß und einen Ring zum Vorschein brachte, dessen Steine weithin funkelten.

„Was ist das?" rief die Baronin, den Ring
aufmerksam betrachtend.

„Was es auch immer sein mag," sagte Jaquetta trotzig, „der Ring, den Sie vermissen, ist
es sicherlich nicht!"

„Allerdings nicht — aber der Fund ist doch
höchst bedenklich! Wie kommen Sie zu diesem
Ringe, der Tausende werth ist und der, wie dies
Portrait unwiderleglich beweist, meinem Neffen
gehört!"

Jaquetta schwieg.

„Sie schweigen? Sie verantworten sich nicht?"

„Ich habe mich bezüglich dieses Ringes nicht
gegen Sie zu verantworten, Frau Baronin!" erwiederte Jaquetta bitter. „Dieser Ring geht Sie
nichts an — suchen Sie weiter, ob Sie den Ring
finden, den Sie vermissen!"

„Ei seht das Püppchen, wie es groß und vor-
nehm thut und sich auf's hohe Roß setzt!" rief

die Baronin höhnisch. „Früher war dem arro=
ganten Dämchen das Brod, das ich ihm zu essen
gab, nicht zu schlecht — jetzt wirft es sich in die
Brust und schlägt einen anmaßenden, beleidigen=
den Ton an!"

„Sie zwingen mich zu diesem Tone, Frau
Baronin!" sagte Jaquetta bitter. „Ihr beleidi=
gendes Benehmen fordert mich geradezu heraus,
jedes Gefühl der Dankbarkeit zu verläugnen und
mich Ihnen gegenüber auf die Nothwehr zu be=
schränken."

„Das spricht ja wie die gekränkte Unschuld!"
sagte die Baronin mit einem spöttischen Lächeln.
„Wenn's nur mit Worten hier abgethan wäre,
— aber alle schönen Worte fegen nicht die That=
sache weg, daß mir ein werthvoller Ring verlo=
ren ging, und daß sich zwar vorläufig nicht die=
ser Ring, dagegen aber ein anderer, noch werth=
vollerer im Besitz von Madame vorfand, und zwar
unter Umständen, die ziemlich verdächtig aussehen.
Madame ist nicht lange in meinem Hause, ist
hier überhaupt fremd, hat sich viel in der Welt
umhergetrieben und besitzt einen kostbaren Ring,
der unzweifelhaft meinem Neffen gehört — wenn

das nicht sonderbar und verdächtig aussieht, dann weiß ich nicht, was man bedenklich nennen soll!"

„Denken Sie, was Sie wollen, Frau Baronin!" rief Jaquetta empört, „aber über die Art, wie dieser Ring in meine Hände gekommen ist, erhalten Sie in diesem Augenblick aus meinem Munde keinen Aufschluß. Ich habe eigentlich keinen Grund zu schweigen, aber wenn ich auch sprechen und Ihnen die Wahrheit sagen wollte, Sie würden diese Wahrheit bei der Stimmung, in welcher Sie sich befinden, doch für ein Mährchen halten! Und dann haben Sie mich so empörend behandelt, daß ich es unter meiner Würde halte, mich vor Ihnen zu rechtfertigen!" Jaquetta brach in Thränen aus, indem sie fortfuhr: „Möge es Ihnen der Himmel verzeihen, daß Sie mir so nahe traten und mich vor diesen Leuten durch eine Verdächtigung erniedrigten, zu der ich Ihnen keine Veranlassung gegeben habe!"

„Sparen Sie Ihre pathetischen Worte!" fertigte die Baronin die Verletzte ab. „Sagen Sie lieber kurz, wie Sie zu dem Ringe gekommen sind — geschah es auch auf ehrliche Art, was ich übrigens bezweifle, da ich nicht begreifen kann, wie

Sie auf ehrliche Weise in den Besitz eines kost=
baren Ringes hätten kommen können, der mei=
nem Neffen gehört, so haben Sie keinen Grund,
mit der Sache hinter dem Berge zu halten —
geschah es aber auf unehrliche Art, so ist ein of=
fenes Bekenntniß das einzige Mittel, mich von
der Ergreifung von weiteren Maßregeln abzuhal=
ten, die Ihnen sehr unangenehm werden dürften!"

Jaquetta richtete einen Blick stummer Verach=
tung auf die Baronin und wandte sich schwei=
gend von ihr ab.

„Also man verharrt im Schweigen?" rief die
Baronin. „Nach Belieben! Die Behörde wird
das Püppchen schon zum Reden bringen. Johann,"
die Baronin richtete das Wort jetzt an den Be=
dienten, „Johann, gehen Sie auf das Polizeiamt
und sagen Sie dort, die Baronin Feuchtwangen
ersuche den Herrn Commissär, einen Gensdarmen
hierher zu schicken, damit er eine Person in Em=
pfang nehme, die in dem Augenblick, wo mir selbst
ein kostbarer Ring auf eine räthselhafte Art ver=
loren ging, in dem Besitze eines werthvollen Rin=
ges betreten wurde und jede Auskunft darüber
verweigert, wie sie zu demselben gekommen sei!"

Siebentes Kapitel.

Unter dem Lärchenbaum.

— —

Der Gensdarm Victor hatte heute Dienst. Er kam eben von einer Streifung zurück, als ihn der Polizeicommissär mit den Worten empfing:

„Sie müssen eine Arretirung vornehmen!"

„Wo, Herr Commissär?"

„Im Hause der Baronin Feuchtwangen!"

Victor stutzte.

„Was ist im Hause der Baronin vorgefallen?" fragte er.

„Die Baronin vermißt einen werthvollen Ring und verdächtigt eine Person, die erst kurze Zeit in ihrem Dienste ist, der Entwendung."

Alles Blut wich aus Victor's Wangen. Unfähig ein Wort zu erwiedern, sah er den Commissär unverwandt an.

„Was die Person ganz besonders verdächtig macht," fuhr der Commissär fort, „ist der Umstand, daß sich bei einer Durchsuchung ihrer Effecten, welche die Baronin allerdings etwas eigenmächtig vorgenommen hat, ein kostbarer Ring vorgefunden hat, welcher zwar nicht derjenige ist, den die Baronin vermißt, welcher aber dem Neffen der Baronin gehört und auf eine unbegreifliche Art in den Besitz der Jaquetta Hawerton gekommen ist!"

Victor stand noch immer steif und starr da und war nicht im Stande, seine Gedanken zu ordnen. Er wußte nicht, träumte er — oder war es Wahrheit, daß Jaquetta einer unehrenhaften Handlung beschuldigt wurde — daß er hingehen sollte, sie, die er liebte, zu verhaften und in Gewahrsam zu bringen?

Der Commissär nahm von der Bestürzung und Verwirrung, in welche seine Mittheilung den Gensdarm versetzt hatte, keine Notiz, ja, er bemerkte sie wahrscheinlich gar nicht und fuhr fort:

„Gehen Sie zur Baronin und bringen Sie die Person her, damit wir ihr auf den Zahn fühlen!"

Victor verließ mechanisch das Bureau.

Er wankte und sah Alles doppelt; es kam ihm auch vor, als drehten sich die Dinge vor ihm, als wirbelte und tanzte Alles bunt durcheinander. Jaquetta verunehrt — Jaquetta einer schimpflichen That beschuldigt — das ging über seinen Horizont und war mehr als er begreifen konnte — Es war nicht möglich, daß dieses sanfte Wesen, um dessen Schläfe die Dornenkrone des Dulderthums schwankte, auch nur einen zweideutigen Gedanken hegen konnte — es war nicht möglich und doch schob man ihr Symptome einer Verderbtheit zu, die sich im Augenblicke nicht wegdisputiren ließen.

Wenn sie den Ring der Baronin auch nicht entwendet hatte, was sollte der andere Ring, der dem jungen Baron gehörte? Wie kam Jaquetta zu diesem Ringe, wenn kein Einverständniß zwischen ihr und dem Baron bestand? Dieser war jung, reich, ging im Hause der Baronin aus und ein — wenn Jaquetta, die er für eine Heilige gehalten, eine heuchlerische Coquette wäre? Sie brauchte sich gar keines schimpflichen Vergehens schuldig gemacht, den Ring der Baronin nicht entwendet zu haben, um in Victor's Augen als eine verächtliche Creatur dazustehen!

Und er hatte sie geliebt, er hätte sein Herzblut für sie hingegeben, während sie vielleicht ihren Spott mit ihm trieb und ihn in den Armen eines Anderen verlachte, dessen Huldigungen ihr mehr schmeichelten als die aufrichtige Hingebung eines armen Mannes, der keine Juwelen zu verschenken hatte!

Wenn er Jaquetta nur insgeheim hätte sprechen, sie bei ihrer Ehre und Seligkeit hätte fragen können, ob sie sich in irgend einer Beziehung schuldig fühle! Aber vielleicht war es wieder gut, daß er nicht die Wahrheit erfuhr, seine Ruhe, sein Glück waren so wie so dahin.

War Jaquetta schuldig, so war er der elendeste aller Menschen, war sie unschuldig, so war sie doch verunehrt, und daß gerade er das Werkzeug sein sollte, welches die Schmach über sie brachte, das brachte ihn um alle Fassung.

Anstatt den Befehl des Commissärs zu vollführen, irrte er mit dem Gewehr auf der Schulter im Parke umher.

Er hatte dies Gewehr noch von der Streifung

her auf der Schulter und hatte in seiner namen=
losen Bestürzung vergessen, es von sich zu thun,
da er es doch bei dem Geschäft, das er nun
vollführen sollte, nicht brauchte.

Ach, es war das traurigste, entsetzlichste Ge=
schäft seines Lebens und je mehr er darüber nach=
dachte, desto weniger konnte er sich entschließen,
es zu vollführen.

Lieber sterben als es ausführen!

Mochte dann ein Anderer hingehen und Ja=
quetta festnehmen — er wußte dann nichts mehr
davon, er war kein Zeuge der Schmach, die un=
auslöschlich über die Geliebte kam.

Dieser Gedanke setzte sich immer hartnäckiger
in ihm fest, je weiter und hastiger er ausschritt,
je mehr die Zeit vorschritt.

Er suchte die düstersten Gänge des Parkes
auf und wer ihm da begegnete, der schüttelte
sicher den Kopf über sein unheimliches Aussehen.
Er keuchte zuletzt mehr als er athmete und der
kalte Schweiß perlte von seiner Stirne nieder.

So kam er endlich, er wußte nicht wie, zu
jener melancholischen Stelle im Parke, wo der
Lärchenbaum steht, an welchen sich schon mancher

Unglückliche, den der Spieltisch im Curhause zum
Bettler gemacht, gelehnt hatte, um eine Stütze
für seine letzten Lebensmomente zu haben.

Er setzte sich auf die Bank und lehnte sich an
den Baum.

Er war müde und gebrochen und kalte Fieber-
schauer durchrieselten seinen Körper, daß er zuweilen zitterte wie Espenlaub. Dabei glühte seine
Wange, dabei stand der eiskalte Schweiß auf
seiner Stirn, dabei stierte sein Auge glanzlos
und unheimlich in's Weite.

In der Stadt schlugen die Uhren.

Er zählte mechanisch die Schläge und machte
die Entdeckung, daß er zwei Stunden planlos
hin- und hergegangen war.

Er dachte an den Commissär, der ihn ungeduldig erwarten würde — ihn und Jaquetta —
der sich beider Ausbleiben nicht werde erklären
können — er dachte auch an das stille Glück, das
ihm seine unausgesprochene Liebe zu Jaquetta
bereitet und wie das nun Alles so urplötzlich ein
trauriges Ende genommen — die Thränen traten ihm in die Augen.

Wie von einem plötzlichen Entschlusse übermannt, nahm er das Gewehr zur Hand, stellte es so, daß der Lauf die Stelle seiner Brust berührte, wo das Herz pochte — mit dem Fuße berührte er den Hahn — ein Schuß erschreckte die wenigen Spaziergänger, die sich zu dieser Stunde im Parke befanden — unter dem Lärchenbaume lag ein Leichnam.

———————

Achtes Kapitel.

Jaquetta und Anatol.

Zu derselben Stunde, da man den entseelten Gensdarm nach dem Krankenhause brachte, kam der junge Baron Feuchtwangen zu seiner Tante zu Besuch.

Diese wußte sich das lange Ausbleiben der polizeilichen Intervention, die sie angerufen hatte, nicht zu erklären und befand sich in großer Aufregung, deren Ursache sie natürlich vor dem Neffen geheim hielt.

Dieser sah es ihrem Benehmen an, daß er zu ungelegener Stunde gekommen sei und wollte sich bereits wieder entfernen, als zu seiner größten Ueberraschung Jaquetta eintrat.

Sie war seltsam, fast abenteuerlich gekleidet.

Sie hatte jenen schwarzen Capuzmantel an,

welchen sie in der Heimat getragen hatte und den
sie sonst nur auf Reisen zu benützen pflegte. In
Wiesbaden hatte sie diesen Mantel nur ein einziges Mal angelegt — an jenem Tage, wo sie von
bösen Ahnungen getrieben Dick auf dem Renn-
platze suchte.

Jaquetta hatte rothgeweinte Augen, im Ueb-
rigen aber eine gefaßte Haltung. Sie war offenbar darauf vorbereitet, den jungen Baron im
Zimmer seiner Tante zu finden, denn sie verrieth
nicht die geringste Verlegenheit, als sie seiner ansichtig wurde.

Dagegen war die Baronin nicht frei von
Verlegenheit, als sie Jaquetta erblickte. Sie wech-
selte die Farbe und schien verwirrt, vermochte
die Eintretende auch nicht anzublicken.

„Frau Baronin,“ sagte Jaquetta gegen ihre
innere Bewegung ankämpfend, „es ist etwas Entsetz-
liches geschehen — etwas, worauf Sie nicht gerechnet
haben, als Sie so feindselig gegen mich auftraten.“

Der Baron stutzte, als er seine Tante in
dieser Weise angeredet sah; er blickte abwech-
selnd die Baronin und Jaquetta an, ohne sich
die Sache erklären zu können.

Die Baronin rang nach Fassung.

„Der Gensdarm," fuhr Jaquetta fort, „der ausgeschickt worden war, um mich auf Ihr An= dringen, Frau Baronin, zu verhaften, und vor Gericht zu führen, hat sich erschossen!"

Die Baronin zuckte zusammen.

„Was ist das?" rief der Baron, seiner Tante einen wüthenden Blick zuschleudernd; „was ist das? was höre ich da? Sie wollten Jaquetta verhaf= ten lassen?"

„Beruhigen Sie sich, Herr Baron!" sagte Ja= quetta sanft. „Hier hat ein schreckliches Gottes= gericht stattgefunden und ich wünschte nicht, in der ganzen Angelegenheit die Rolle der Frau Ba= ronin zuspielen. So oft sie sich derselben erinnern wird, wird sie sich sagen müssen, daß sie an dem Tode eines Menschen Schuld ist. Und damit Sie es nur wissen, Frau Baronin, der Mann, der Hand an sich legte, um mich nicht verhaften zu müssen, der Mann hat mich geliebt und der Mann wäre derjenige gewesen, den ich einzig hätte lieben können, wenn die Gestalt meines seligen Gatten nicht noch zu lebendig vor meinen Augen gestanden hätte. Er ist gestorben, weil

er an meine Schmach nicht glauben und mir
nicht weh thun wollte und nun er todt ist, be=
kenne ich mich zu ihm und spreche es aus, daß
ich ihm gut war vor allen Menschen, weil er,
der Einzige, mir reine, unselbstsüchtige Güte ge=
zeigt hat!"

Jaquetta hielt inne, die Baronin lehnte stumm,
zerknirscht im Sopha und die Furcht vor der
schließlichen Entwicklung der Scene war auf ihrem
bleichen Gesichte zu lesen.

Die arbeitenden Gesichtsmuskeln, das heraus=
gewälzte Auge des Barons deuteten auf nichts
Gutes hin. Er bezwang sich offenbar mit der
größten Anstrengung, als er zu seiner Tante ge=
wandt sagte:

„Wollen Sie mir nicht das Geheimniß auf=
klären, das hier obwaltet? Ich höre Dinge, über
die ich nur staunen kann und die mir vollkommen
unbegreiflich sind!"

„Sie werden die Aufklärung erhalten, Herr
Baron," sagte Jaquetta an der Stelle der Baro=
nin, die keines Wortes mächtig war, „erlauben
Sie nur, daß ich mir der Frau Baronin in's
Reine komme. Sie hat mir ihr Haus geöffnet

und ist dadurch meine Wohlthäterin geworden. Freilich hat sie die Erinnerung an diese Wohlthat durch das, was sie mir heute anthat, in meiner Seele fast ausgelöscht. Ich war auch so zorn= erfüllt, daß ich dachte, ich würde die Frau Baro= nin kaum je wieder ansehen, geschweige denn ein Wort mit ihr wechseln können. Da hat Gott eine neue, schwere Prüfung über mich geschickt und mein Herz, welches sich verhärten zu wollen anfing, wurde wieder weich, und mit den Thrä= nen kam die Versöhnlichkeit. Als Johann vor einer halben Stunde mit der entsetzlichen Bot= schaft kam, daß man den Gensdarmen Victor mit durchschossenem Herzen im Parke gefunden habe, und daß Victor es gewesen sei, der mich hatte verhaften sollen, da reimte ich mir Alles zusammen und gleichzeitig zog durch meine Seele der Gedanke: verzeihe ihr — sie ist, wenn sie ein gefühlvolles Herz hat, genug bestraft, sie wird sich immer denken müssen: „Ich habe einen Menschen in den Tod getrieben, indem ich einem andern, unschuldigen Menschen nahe trat!"

Jaquetta hielt einen Augenblick inne, trat noch näher an die Baronin, die sich unruhig auf

dem Sopha hin und her bewegte und sagte dann,
ihre Hand auf die Schulter der Verstörten legend:
„Dieses unschuldige Menschenkind bin ich, Frau
Baronin! Ich weiß nicht, wie Sie jetzt von mir
denken, aber vor einigen Stunden waren Sie
noch geneigt, das Schlimmste von mir zu glau=
ben. Ich aber sage Ihnen, Frau Baronin, ich
bin unschuldig — es wäre mir freilich lieb, wenn
Sie mich dafür hielten, aber ich kann Sie nicht
zwingen, meine Ehre durch eine öffentliche Erklä=
rung wieder herzustellen. Eines aber glaube ich
von Ihnen erwarten zu können — Sie werden
die Sache gegen mich nicht weiter treiben. Ich
will diesen Ort, an welchem ich so viel Herzeleid
erlebt habe, verlassen und ich glaube, Sie wer=
den mich nicht daran hindern!"

Jaquetta sah die Baronin gespannt an.

Diese sagte verwirrt und ergriffen:

„Ich habe Ihnen Unrecht gethan, Jaquetta,
verzeihen Sie mir — der Ring, den ich vermißte,
hat sich gefunden."

Die Baronin bereute jetzt, wo ihr Neffe auf
jedes Wort lauschte und wo sich das Entsetzliche
im Parke zugetragen hatte, bitter, sich auf eine

solche Komödie eingelassen zu haben und verwünschte im Stillen Slyken als denjenigen, der durch seine Andeutungen den Impuls zu ihrem feindseligen Benehmen gegen Jaquetta gegeben hatte.

„Sie erklären mich für unschuldig, Frau Baronin?" rief Jaquetta leuchtenden Auges.

„Ich bitte Sie, mir zu vergeben!" sagte die Baronin kleinlaut.

„Wessen wurden Sie beschuldigt, Jaquetta?" fragte der Baron, indem er einen drohenden Blick auf seine Tante heftete.

„Des Diebstahls!" sagte Jaquetta.

„Nicht möglich!" schrie der Baron empört.

„Ein unglückliches Zusammentreffen von Umständen!" stammelte sich entschuldigend die Baronin.

„Es ist wahr," sagte Jaquetta, „der Ring, der wirklich in meinem Besitze gefunden wurde, sprach gegen mich. Geben Sie mir diesen Ring, Frau Baronin, ich bitte um ihn — ich will ihn dem zurückgeben, dem er gehört und der nie hätte einen Versuch machen sollen, ihn in meine Hände zu legen!"

Die Baronin nahm mechanisch den Ring, der das Porträt ihres Neffen enthielt, aus der Chatulle und reichte ihn Jaquetta.

Der Baron hatte ihn kaum erblickt, als er ausrief:

„Wie kommt dieser Ring in Ihre Hände, Tante?"

„Die Frau Baronin hat den Ring in meinem Kasten gefunden, als sie nach einem anderen Ringe forschte, den sie vermißte," nahm Jaquetta an Stelle der Baronin das Wort.

„Ich falle aus den Wolken!" rief der Baron ergrimmt. „Man hat es gewagt, Ihren Kasten zu durchstöbern, als ob Sie eine Verbrecherin wären, Sie des Ringes zu berauben, den ich Ihnen aufgezwungen habe —"

„Aufgezwungen — das ist das wahre Wort!" fiel Jaquetta dem Baron in die Rede. „Ich danke Ihnen, Herr Baron, daß Sie der Wahrheit ohne Scheu die Ehre geben — gehen Sie noch um einen Schritt weiter, sagen Sie der Frau Baronin, wie ich zu diesem Ringe kam, der für einen Menschen, der keinem von uns etwas zu Leide gethan hatte, verhängnißvoll werden sollte!"

„So mögen Sie es denn erfahren, Tante, daß ich Jaquetta liebe!" rief der Baron zu seiner Tante gewendet. „Es gereicht mir zu besonderen Genugthuung, Ihnen, der stolzen Frau,

die so viel auf Geburt und Convenienz hält,
das sagen zu können! Halten Sie mich nicht
für so thöricht, daß ich jetzt nicht Alles durch=
schaute! Dieser Ring öffnet mir die Augen —
um diesen Ring nur war es Ihnen zu thun —
Sie mußten offenbar, daß Jaquetta von mir den
Ring erhalten hat — und wenn Sie es nicht
wußten, so hatten Sie eine Ahnung davon, daß
ich Jaquetta gut war und wollten sich Beweise
schaffen —"

„Was denkst Du von mir!" versuchte die Ba=
ronin einzuwerfen.

„Was mir Ihre Bestürzung nur zu sehr bekräf=
tigt! Sie ahnten meine Liebe zu Jaquetta und
glaubten ihr einen Damm zu setzen, wenn Sie
Jaquetta verunehrten, wenn Sie sie einem schimpf=
lichen Verdachte aussetzten — der Verdacht gab
Ihnen zugleich ein Recht, ihre Sachen durchzufor=
schen und auf diesem Wege sich in den vollstän=
digen Besitz des Geheimnisses zu setzen! Die In=
trigue ist Ihnen gelungen — Schade nur, daß
sie einem Menschen das Leben gekostet hat und
daß sie Ihnen nichts nützt! Ja Madame, sie
nützt Ihnen nichts, denn ich sage Ihnen offen,

daß ich, ich, der Baron von Feuchtwangen, keinen Anstand nehmen würde, alle Consequenzen
dieser Liebe zu ziehen, wenn ich mich von Jaquetta wieder geliebt wüßte!"

„Sie gehen zu weit, Herr Baron!" flüsterte
Jaquetta erröthend.

„Ich nehme keinen Anstand, Ihnen zu geste-
hen, Tante," fuhr der Baron lebhaft fort, „daß
ich Jaquetta mit meinen Liebesanträgen verfolge,
ohne ihrerseits mehr zu erzielen, als eine bestimmte
Ablehnung; heute erst habe ich mich ihr wieder hinter
Ihrem Rücken genähert, meine Anträge in stür-
mischer Weise wiederholt, sie gebeten, den Ring,
der mein Bildniß enthielt, aus meiner Hand anzunehmen — und heute wie früher begegnete ich
einem entschiedenen Widerstreben und es war ein
reiner Zufall, daß mein Ring in Jaquetta's Hand
blieb! Sie läuteten plötzlich, Jaquetta, welche eben
das kategorische Ansinnen an mich stellte, den
Ring zurückzunehmen, verwirrte Ihr unerwarte-
tes Glockenzeichen, sie legte den Ring, den ich zurückzunehmen mich sträubte, auf den Tisch und
eilte in Ihr Zimmer, um sich nach Ihren Wünschen zu erkundigen; während sie abwesend war,

ging ich von dannen, weil ich fürchtete, Sie könnten irgendwie sichtbar werden, und hinter meine
geheimen Besuche bei Jaquetta kommen! Der
Ring blieb auf dem Tische liegen!"

„Und es blieb mir," fiel Jaquetta dem Baron in die Rede, „nichts übrig, als ihn zu mir
zu nehmen und zu verstecken. Ich mußte ihn
um so rascher in meinen Kasten unterbringen,
als gleich darauf Jemand die Klingel zog; es
war der Graf von Slyken, der die Frau Baronin zu besuchen kam."

„Ich wollte jetzt, er wäre nicht gekommen!"
murmelte die Baronin unwillkürlich.

Der Baron fing die Bemerkung auf und
stutzte.

„Sollte eine Einflüsterung des Grafen von
Slyken an dem ganzen Unheile Schuld sein?"
fragte er, von einem plötzlichen Gedanken berührt.

„Wenn er mich nicht besucht hätte, wäre Manches nicht geschehen, was ich jetzt bedauere!" sagte
die Baronin, die den Drang in sich fühlte, etwas von dem, was nun schwerer, als sie ursprüng-
lich vermuthet hatte, auf ihr lastete, von sich auf
andere Schultern abzuwälzen.

Der Baron forschte nicht weiter, sondern griff nach seinem Hute.

Jaquetta hielt ihn mit den im Tone der Bitte gesprochenen Worten zurück:

„Nehmen Sie Ihren Ring zurück, Herr Baron."

„Sie wollen ihn durchaus nicht behalten, Jaquetta?"

Jaquetta schüttelte mit dem Kopfe.

„Ich meine nicht mehr als Pfand der Liebe," fuhr der Baron in einem Tone fort, in welchem sich Traurigkeit mit Herzlichkeit mischte. „Sie haben mich einen Blick in Ihr Herz thun lassen — ich beneide den armen Gensd'arm, der sich eine Kugel durch das Herz gejagt hat, welches für Sie schlug — wie das Ihrige für ihn! Sie können mich nicht lieben, ich weiß das nun — aber Sie verlassen, wie Sie sagen, diese Stadt und auf die Wanderung, die Sie antreten, könnten Sie diesen Ring, den ich Ihnen hier vor Zeugen gebe, als Andenken an Jemand mit sich nehmen, der Sie liebt, die Unmöglichkeit der Gegenliebe Ihrerseits aber einsieht und sich mit der Hoffnung bescheidet, daß Sie ohne Groll von ihm gehen!"

Jaquetta überlegte einen Augenblick und sagte dann:

„Wohlan denn, ich behalte den Ring, damit er mich immerdar an einen Menschen erinnere, der mir gut war!"

„Und es gut mit Ihnen meinte!" ergänzte der Baron, Jaquetta die Hand reichend.

Jaquetta legte ihre Hand in die seine.

Er fragte sie noch, wohin sie sich wenden wolle und sie erwiederte mit Festigkeit:

„Ich gehe in die Heimat und das noch in dieser Stunde, nachdem ich Dick's Grab noch einmal besucht und einen Kranz auf den Leichnam dessen gelegt habe, der sich an's Leben gegriffen aus Liebe zu mir!"

Neuntes Kapitel.

Eine Auseinandersetzung.

Baron Feuchtwangen verließ das Haus seiner Tante mit dem festen Entschlusse, es nicht so bald wieder zu betreten und vor Allem mit dem Grafen Slyken abzurechnen.

Er begab sich unverzüglich zu dem Grafen und fand ihn zu Hause.

Nachdem er sich ihm vorgestellt hatte, ging er ohne Umschweife auf den Zweck seines Besuches über.

„Ich bin gekommen, Herr Graf," sagte er, „Sie um eine authentische Aufklärung über gewisse Bemerkungen zu ersuchen, die Sie sich meiner Tante, der Baronin von Feuchtwangen gegenüber erlaubt haben."

„Bemerkungen — welchen Gegenstand betref=

fend, wenn ich bitten darf?" fragte Slyken gleich-
müthig und begleitete die Frage mit einem stechenden Blicke auf den Baron, der diesen nur noch
mehr reizte, so daß er mit einer gewissen Heftig-
keit erwiederte:

„Bemerkungen höchst müßiger Art über meine an-
geblichen Beziehungen zu einer jungen Frau, die sich
in der nächsten Umgebung meiner Tante befindet!"

Indem Slyken seinen Nasenklemmer aufsetzte
und sein Gesicht in spöttische Falten zog, ließ er
sich ein langgedehntes Ah entschlüpfen, welches
so unverschämt klang, daß dem Baron das Blut
zu Kopf stieg.

„Ah — ist es das!" sagte der Graf, den Baron durch das Glas fixirend. „Hat die Frau
Baronin geplaudert? Nun ja, — warum sollte
ich es läugnen — ich habe die Frau Baronin
darauf aufmerksam gemacht, daß ihr mit der Zeit
aus gewissen Beziehungen ihres noch sehr jugendlichen Neffen zu einer jungen Person niederen
Standes Unannehmlichkeiten erwachsen dürften!"

„Wer gab Ihnen das Recht, Herr Graf," brauste
der Baron auf, „sich Mentorsrechte über mich
anzumaßen?"

„Ich kann Sie versichern, Herr Baron," fertigte der Graf den Frager mit impertinent klingender Geringschätzung ab, „daß Sie mir bei der ganzen Affaire eine herzlich gleichgiltige Person waren! Ich hatte nur das Interesse der Frau Baronin im Auge, mit der ich seit vielen Jahren bekannt bin!"

„Um meiner Tante gefällig zu sein, haben Sie die schmähliche Rolle eines Denuncianten gespielt und sich in Dinge gemengt, die Sie gar nichts angingen — weder so, noch so!"

„Sie sind noch sehr jung, Herr Baron, und ich halte Ihnen ein unüberlegtes Wort zu gut!" erwiederte der Graf von Slyken kalt, indem er mit voller Gemüthsruhe sein Glas putzte.

„Ich verlange nicht, daß Sie mir etwas zu gut halten!" rief der Baron. „Ich wiederhole Ihnen, daß Sie nicht wie ein Mann von Ehre handelten, als Sie hingingen und meiner Tante höchst überflüssige Worte hinter meinem Rücken in's Ohr flüsterten! Ob ich jung bin oder nicht, das gehört nicht hierher — meine Jugend gab Ihnen kein Recht, gegen mich zu intriguiren!"

„Man intriguirt nicht gegen unerfahrene Kin-

der — man sucht lediglich durch Aufklärung der-
jenigen, welche die natürliche Verpflichtung haben,
diese Kinder zu überwachen, Unheil zu verhüten!"

„Welche Sprache!" wüthete der Baron. „Welche
Unverschämtheit! Sie werden mir Genugthuung
geben, Herr Graf!"

Slyken überlegte einen Augenblick und sagte
dann: „Meinetwegen! Vielleicht sollte ich Ihnen
antworten: ich schlage mich nicht mit einem Knaben, der kaum in's Leben geblickt hat — aber Sie
wollen als Mann behandelt sein und ich will Sie
so nehmen, obwohl Ihr Verhältniß zu Jaquetta
eben nicht für Ihre Reise spricht!"

„Ich wiederhole Ihnen noch einmal, Herr
Graf, maßen Sie sich keine Mentorrolle mir gegenüber an!" rief der Baron in drohendem Tone.
„Bestimmen Sie vielmehr, anstatt muthwillig zu
den früheren Beleidigungen neue zu häufen, in
kurzen Worten die Art der Genugthuung, die
Sie mir bieten wollen!"

„Wenn wir uns schlagen," sagte Slyken, „so
machen wir ungeheuren Eclat! Ganz Wiesbaden
geräth in Aufregung, die Zeitungsschreiber be-
kommen zu thun — warum aber sollten wir der

Welt ein Schauspiel geben? Ich sehe die Noth-
wendigkeit nicht ein, daß sich die Leute auf unsere Kosten amüsiren sollen!"

„Ich aber sehe wieder keine andere Möglich-
keit ab, die Sache zum Austrag zu bringen, als
indem wir uns schlagen!" rief der Baron trotzig.

„Sie wollen das Leben wirklich an die klein-
liche Affaire wagen?" fragte der Graf kaltblütig,
indem er mit seinem Glase spielte.

„Sie scheinen Bedenken zu tragen, Ihr kost-
bares Leben in dieser Affaire einzusetzen!" rief
der Baron ungestüm. „Wenn Sie solchen
Werth auf die Erhaltung Ihres Lebens legen,
dann hätten Sie nicht in unverschämter Weise
eine Intrigue gegen einen Mann anzetteln dürfen, der Ihnen nichts zu Leide that, der Sie gar
nicht kannte und den Sie lediglich aus dem
Grunde hofmeistern zu dürfen glaubten, weil Sie
um dreißig Jahre älter sind als er!"

„Sie haben Recht," warf Slyken ein. „Mit
Worten läßt sich die zwischen uns obschwebende
Differenz nicht mehr austragen — ich habe Ihnen meine Gründe vorgelegt, warum ich nur un-
gern zum Degen oder zur Pistole griffe — wenn

14*

es Ihnen recht ist, so ergreifen wir einen Aus-
weg, der allem Eclat die Spitze abbricht!"

„Ich bin neugierig auf Ihren Vorschlag!"

„Losen wir um das Leben!" sagte Slyken
kaltblütig.

„Ich verstehe Sie nicht!"

„Muß es denn durchaus knallen, wenn sich
zwei den Hals brechen wollen, um ihre Ehre zu
repariren? Die praktischen Amerikaner sind klüger in der Abwicklung solcher Händel und ich
schlage Ihnen ihre Methode vor!-Sie macht kein
Geräusch und hat den Vortheil, daß sie dem,
welcher das Kürzere zieht, noch eine Lebensfrist
gibt! Sie kennen doch das amerikanische Duell?
Ich war bereits öfter in der Lage, kleine Händel
in der Art ausfechten zu müssen, wie Sie mir
es jetzt ansinnen und ich habe mich stets des
amerikanischen Systems bedient! Vielleicht habe
ich als Spieler eine Vorliebe dafür — wenn
man ein gutes Dritttheil seines Lebens am Spieltische zugebracht hat, so kitzelt es Einen, mitun-
ter auch um's Leben zu würfeln! Was sagen
Sie zu meiner Proposition?"

„Ich bin mit Allem zufrieden! Es ist mir

gleichgiltig, ob wir so oder so um's Leben würfeln!"

„Wohlan denn," sagte der Graf, an seinen Schreibtisch tretend und einige Gegenstände aus einem Fache desselben hervorholend, „hier ist Alles, was wir brauchen! Ein Becher und zwei Kugeln — schwarz die eine, weiß die andere. Wer die schwarze zieht, übernimmt damit die Verpflichtung, sich binnen heute und einem Jahre selbst aus der Welt zu expediren! Sind Sie damit zufrieden? Sie sind jung und gewinnen selbst im schlimmsten Falle noch ein Jahr, während Sie sonst riskiren, daß Sie augenblicklich auf dem Platze bleiben, wenn Sie Unglück haben!"

Slyken sprach mit einem Beigeschmack cynischen Humors, der dem Baron nicht behagte.

„Wozu so viele Worte?" rief dieser. „Lassen Sie uns losen."

Der Baron hatte seine Hand bereits bis fast an den Rand des Bechers gebracht, als Slyken dieselbe erfaßte und zurückhielt.

„Noch Eines!" sagte er in ernsterem Tone, als welchen er bisher eingehalten hatte. „Ich möchte Sie nicht mit verbundenen Augen Ihrem

Verhängniß entgegengehen lassen; darum sage
ich Ihnen, daß ich bisher ein merkwürdiges Glück
in solchen Dingen hatte. Ich habe noch nie eine
schwarze Kugel gezogen!"

Der Baron zuckte ungeduldig mit den Achseln
und suchte seine Hand dem Griffe Slyken's zu
entwinden.

„Sie lassen sich durch diese Eröffnung nicht ab=
halten?" fragte dieser. „Dann habe ich mir keine
Vorwürfe zu machen, wenn Sie die unglückliche
Kugel ziehen, die Ihr Leben in meine Hand gibt!"

„In Ihre Hand — wie so?" fragte der Ba=
ron brüsk.

„Weil ich der Einzige bin, der Sie von der
Verpflichtung, die Sie mit der schwarzen Kugel
übernehmen, sich binnen heute und einem Jahre
das Leben zu nehmen, befreien kann."

„Seien Sie ohne Sorge, Herr Graf," sagte
Feuchtwangen trotzig, „Sie werden nie in die Lage
kommen, sich fragen zu müssen, ob Sie mir ge=
genüber großmüthig sein wollen!"

„Wer kann das wissen?" rief Slyken mit ei=
nem leichten Achselzucken. „Sie sind jung und
das Leben ist so schön!"

„Nicht so schön, daß mich je die Lust anwandeln könnte, es durch einen Act der Feigheit verlängern zu wollen!" unterbrach der Baron den Grafen.

„Ich habe das Meinige gethan," sagte Slyken „und Sie auf alle Folgen des Schrittes aufmerksam gemacht, den Sie zu unternehmen' im Begriffe stehen; losen wir nun, wenn Sie wollen!"

Ein Augenblick der Spannung — im nächsten hielt der Baron die schwarze Kugel in der Hand.

Er entfärbte sich leicht.

„Ich habe es Ihnen vorausgesagt, daß ich Glück haben werde!" sagte Slyken, die weiße Kugel auf den Tisch legend.

„Von heute über ein Jahr werden Sie von mir hören!" sagte der Baron, indem er sich empfahl.

„Geh nur hin," murmelte Slyken, als sich die Thür hinter dem Manne schloß, der soeben sein Leben verwirkt hatte, „von heute über ein Jahr bittest du um dein Leben — du müßtest nicht zwanzig Jahre alt sein, wenn du's nicht thätest!"

Zehntes Kapitel.

Auf dem Leuchtthurme.

Jaquetta hatte auf dem Grabe Dick Hawerton's gebetet.

Ihr heißes Gebet hatte sich zu den Worten zugespitzt, die sie halblaut vor sich hinmurmelte:

„Verzeihe mir, Dick, verzeihe mir — ich muß Dein Grab fremden Menschen preisgeben; ich weiß nicht, ob sie es so liebevoll pflegen werden, wie ich es gethan, ich weiß nicht, ob sie Dir Blumen zutragen werden, wie ich es gethan — aber ich kann nicht hier bleiben. Und müßte ich barfuß nach der Heimat wandern, fort muß ich. Sie haben mich hier so gequält, daß ich sterben müßte, wenn ich hier bliebe — und wenn ich auch sterben wollte, so darf ich doch nicht sterben, denn ich habe daheim ein Kind, Dick! Du zürnest

mir vielleicht, daß ich es von mir gegeben habe
— aber der alte Mann, dem Du mich wegnahmst,
verlangte darnach und bei mir wäre ihm doch
kein Heil geworden. Ich bin ein Unglückskind
— was ich liebe, geht zu Grunde — Du schläfst
hier und der, der mich nach Dir geliebt und den
ich — verzeihe mir auch dieses Dick — und den
ich angefangen habe zu lieben, obwohl ich nach
Dir Niemanden hätte lieben sollen, den hat der
Tod auch dahingerafft! Ich küsse Dein Grab,
Dick, ich danke Dir unter heißen Thränen für die
Liebe, die Du mir zugewendet und welche die ein=
zige lichte Oase in meinem Leben gewesen ist —
wenn Du mich vermissen solltest, so denke, ich sei
gegangen, über Dein Kind zu wachen, denn die,
welche es jetzt noch liebevoll in ihren Händen
hält, ist auch alt, und wenn die Jungen schon
so leicht sterben, so steht der Tod den Alten noch
um Vieles näher! Und auch er, den ich so sehr
kränkte, indem ich Dir folgte, ist alt — ich kenne
seinen Sinn, er wird mir sein Haus nie wieder
öffnen, aber es wird ihm doch ein Trost sein
wenn er mich in der Heimat weiß, nachdem er
fest geglaubt, ich würde in der Fremde verderben

und sterben! Der alte Mann hat es um mich ver=
dient, daß ich ihm vor dem Sterben noch eine
kleine Freude mache, nachdem ich ihm als Dein
Weib, Dick, so viel Herzeleid bereitet habe!"

Von Dick's Grabe war Jaquetta nach dem
Krankenhause gegangen, in welchem Victors Leich=
nam lag und unterwegs hatte sie einen Kranz
gekauft, damit der Sarg des Mannes, der sie
geliebt, doch einigen Schmuck von ihrer Hand
erhielte.

Als sie das Krankenhaus verließ, trocknete sie
ihre Thränen und wappnete sich mit Festigkeit.

Sie hatte nichts mehr in Wiesbaden zu thun
und die Erde brannte ihr unter der Sohle. Sie
wünschte sich fort, um Niemanden mehr sehen zu
müssen, der sie an die Vergangenheit gemahnte.
Sie dachte wohl an Slyken und sagte sich, daß
es gut wäre, wenn er ihr noch einmal in den
Wurf käme, damit sie mit ihm eine Angelegen=
heit bespräche, die für sie nur insofern noch In=
teresse hatte, als es sich um die Sicherstellung
der Zukunft ihres Kindes handelte.

Zu Slyken hinzugehen, dazu fehlte ihr der
Muth.

Wie wenn er ihr, wo sie ihm für immer zu entschlüpfen drohte, Anträge stellte, die sie nicht ohne Erröthen anhören konnte?

Seit ihr Victor gewisse Andeutungen gemacht, sah sie Slyken mit anderen Augen an und war ihm gegenüber um alle Harmlosigkeit und Unbefangenheit gebracht.

Dazu kam noch, daß nach den Worten, welche die Baronin gegen ihren Neffen in ihrer Gegenwart hatte fallen lassen, Slyken seine Hand bei der Anbahnung jener Katastrophe mit im Spiele gehabt zu haben schien, welcher sie und Victor zum Opfer gefallen.

Unter solchen Umständen war die Scheu begreiflich, die sie vor Slyken empfand.

Der Zufall spielte ihr aber in die Hände und vermittelte ihr die Unterredung mit dem Grafen, welche herbeizuführen es ihr an Muth gebrach.

Auf dem Wege vom Krankenhause begegnete sie dem Grafen, der dem Curhause zusteuerte.

Slyken schien verlegen als er sie erblickte, näherte sich aber grüßend.

Jaquetta's ungewöhnlicher Anzug fiel dem Grafen auf und er sagte:

„Sie haben die Tracht Ihrer Heimat angelegt, Madame Hawerton — sie steht Ihnen gut.
Aber was stünde Ihnen nicht gut! Ist es das
Heimweh, welches Sie zu dieser Toilette greifen
ließ?"

„Ich bin im Begriffe mich nach meiner Heimat zu begeben, Herr Graf!" erwiederte Jaquetta.

„Sie verlassen Wiesbaden?" fragte Slyken
überrascht und unangenehm berührt.

„Für immer!" antwortete Jaquetta ruhig.

„Woher dieser plötzliche Entschluß?" forschte
Slyken, dem das Meiste von dem, was sich in
den letzten Stunden zugetragen hatte und Jaquetta von Wiesbaden forttrieb, noch ein Geheimniß war.

„Erlassen Sie mir, Schmerzhaftes zu berühren!"
sagte Jaquetta ernst, indem ihre innere Bewegung
in dem Zittern ihrer Stimme wiederklang. „Nehmen Sie einfach die Thatsache hin und meinen
Dank für die vielen Wohlthaten, die Sie dem
seligen Dick und mir erwiesen haben. Ich werde
nie vergessen, was Sie an uns Gutes gethan haben."

„Sie erinnern mich da an Verpflichtungen, die
ich Ihnen gegenüber habe! Die Angelegenheit

bezüglich des falliten Hauses, bei welchem ich Ihr Kapital angelegt habe, verzögert sich in unerwarteter Weise; wenn ich auch selbstverständlich dafür hafte, daß Sie keinen Schaden erleiden, so hätte ich Sie doch längst fragen sollen, ob Ihre Verhältnisse so beschaffen sind, daß Sie die Abwicklung des Concurses abwarten können. Wenn nicht, so bin ich jeden Augenblick bereit, Ihnen die volle Summe, die Sie bei dem bankerotten Hause erliegen hatten, flüssig zu machen!"

„Sie fahren fort, mich mit Wohlthaten zu überhäufen, Herr Graf!" sagte Jaquetta. „Ich habe genug, um die Reisekosten bestreiten zu können und in der Heimat wird es mir voraussichtlich an dem Wenigen nicht fehlen, was ich brauchen werde, um mein Leben zu fristen. Ich werde arbeiten, Herr Graf, und die Arbeit wird mich ernähren. Wenn Sie mir aber erlauben wollen, Sie mit einem Anliegen zu behelligen, so wage ich Sie zu bitten, die Summe, deren Auszahlung Sie mir soeben anboten, meinem Kinde erhalten zu wollen. Ich bin unerfahren, Herr Graf, und wäre eine schlechte Vermögensverwal-

terin. Wenn Sie das Vermögen meines Kindes
in Händen haben, so bin ich wenigstens in dieser
Beziehung ruhig."

Slyken erschaute schlauen Blickes den Vortheil,
den ihm die Situation bot. Was auch Jaquetta
im Augenblick von Wiesbaden forttrieb, zu halten
war sie nicht; das sagte ihm ihre Haltung, ihr
entschlossenes Wesen. Wenn er aber ihrem Ansinnen entsprach, so hielt er eine Verbindungs-
brücke zwischen sich und ihr aufrecht, er konnte
sich ihr von Zeit zu Zeit nähern und schließlich
vielleicht doch seinen Zweck erreichen.

Dies erwägend sagte Slyken:

„Was Sie als eine Gefälligkeit von mir be-
anspruchen, ist eigentlich nur meine Pflicht. Ihr
Mann ist in meinem Dienste auf dem Platze geblieben, diese traurige Thatsache allein genügte,
um mir für alle Zeiten die Pflicht aufzuerlegen,
für Sie und Ihre Familie zu sorgen. Daß Sie
selbst sich aus unbegreiflichen Ursachen meinem
Schutze entziehen, das hebt meine Verpflichtung
bezüglich Ihrer Familie nicht auf. Ich betrachte
mich nach wie vor als den Vormund Ihres Kindes, Madame Hawerton, und werde trachten, sein

Vermögen, dessen Verwaltung ich mit Vergnügen übernehme, zu vermehren!"

„Diese Versicherung nimmt einen Stein von meinem Herzen, Herr Graf!" sagte Jaquetta. „Ich scheide jetzt so beruhigt von Wiesbaden, als dies nach den Vorkommnissen, deren Spielball ich war, immer nur möglich ist!"

„Wünschen Sie, daß ich Ihnen in der Ver= mögenssache von Zeit zu Zeit Mittheilungen mache, Madame Hawerton?" fragte der Graf.

„Ich werde Ihnen für jede Mittheilung dank= bar sein, Herr Graf!" erwiederte Jaquetta.

„Und wenn Sie irgendwie in Verlegenheit oder überhaupt in eine Lage kommen sollten, die Ihnen fremden Beistand wünschenswerth machte, so hoffe ich zuversichtlich, daß Sie sich erinnern werden, daß Sie in mir einen Freund besitzen, der jederzeit bereit ist, Ihnen zu dienen!"

„Ich danke Ihnen, Herr Graf!"

Jaquetta athmete leichter auf, als sich der Graf von ihr empfahl. Es war ihr in seiner Nähe zu Muthe gewesen, als ob sie von einer Gefahr bedroht sei und die äußerste Vorsicht an= wenden müsse, um derselben zu entgehen.

Und nun ging's unaufhaltsam der Heimat zu!

Als die Sandhügel sichtbar wurden, hinter welchen das Meer lag, traten Thränen in Jaquetta's Augen.

Wie oft war sie diese weiße, schnurgerade Straße entlang gewandert, immer weiter bis dahin, wo in nebelhafter Ferne der Kirchthurm des nächsten Städtchens sichtbar war — aus jedem Häuschen winkten ihr Jugenderinnerungen — dort hinter der sorgsam gepflegten Buchsbaumhecke leuchtete das rosige Antlitz einer Jugendgespielin hervor — ach, wie glücklich war die Freundin, das harte Leben hatte ihr Herz noch nicht zermalmt! Und jener Apfelbaum, der sich an der Breitseite des Hauses epheuartig bis zum Giebel und weiter bis zum First hinaufschlang — wie lebhaft erinnerte er sie an die Tage der Kindheit, wo sie noch so klein war wie das Bäumchen, das man in die Erde setzte, damit es einst des Hauses Schmuck und Zierde werde!

Jetzt kam sie am Hafen vorüber.

Die Schiffe lagen noch immer da wie damals, wo sie sich mit Dick eingeschifft — sie suchte mit dem Auge die Stelle, wo dies geschehen war, an

derselben Stelle lag auch jetzt ein mächtiger, zwei=
schlotiger Dampfer zur Abfahrt bereit.

Es war dasselbe Treiben rings um sie her —
es sah ganz so aus, als ob sich hier nichts ver=
ändert hätte, als ob sie das einzige Wesen wäre,
mit dem seither etwas vorgegangen war. Die
Arbeiter im Hafen sahen sie an und erkannten
sie; einige grüßten, andere sahen ihr verwundert
nach und konnten sich's nicht erklären, wie sie hier=
herkam.

Da drüben lag der Austernpark — als Ja=
quetta seiner ansichtig wurde, mußte sie sich an
einen jener riesigen Quadersteine lehnen, die am
Hafendamm umher lagen, so bewegt war sie.

Aus diesem Hause hatte sie Dick geholt — in
diesem Hause schlummerte jetzt vielleicht Dick's Kind,
ihr Kind, und über dem schlummernden Kinde
wachten zwei Augen, die ihretwegen viele Thrä=
nen vergossen hatten.

Wie Jaquetta so dastand, nach Fassung rang
und dabei mit sich zu Rathe ging, was sie nun
beginnen solle, kam der alte Leuchtthurmwächter
daher.

Er sah sie zufällig an, erkannte sie und blieb

stehen. Sie winkte ihm einen Gruß zu. Er trat
näher, verzog sein verwittertes Gesicht zu einem
Lächeln, reichte ihr die Hand und sagte:

„Ei, das ist ja Jaquetta Bultink! Freut mich,
Euch wieder einmal zu sehen!"

Jaquetta drückte die Hand des alten Mannes,
welcher der beste, vielleicht sogar einzige Freund
ihres Vaters war, zu dem er schon seiner Wort-
kargheit wegen paßte.

„Werdet Ihr bei uns bleiben, Jaquetta," fragte
der Alte theilnahmsvoll.

„Ich möchte wohl hier bleiben — aber wo
soll ich bleiben?" sagte Jaquetta mit zitternder
Stimme.

„Ich verstehe! Der Vater mag wohl nichts von
Euch wissen wollen!"

„Er zürnt mir und Ihr kennt ihn!"

„Ja, ich kenne meinen alten Freund Bultink!
Zu erweichen ist der ebenso wenig wie zum Reden zu bringen! Wenn Euch aber nun sein Haus
verschlossen ist, wo wollt Ihr hin?"

„Ich weiß es nicht und habe eben darüber
nachgedacht, als ich Euch kommen sah!"

„So, so! Das ist seltsam, daß ich Euch da

gerade in den Weg kommen mußte! Wenn mans
näher ansieht und überlegt, so sieht sich's an wie
ein Wink von oben! Wie wär's, Jaquetta, wenn
Ihr zu mir hinaufkämet auf den Leuchtthurm
und mir meine kleine Wirthschaft führtet? Es
fängt mir an gar zu einsam droben zu werden!"

Jaquetta sah den Alten dankbar an.

„Droben seid Ihr Eurer Familie nahe," fuhr
der Leuchtthurmwächter fort, „und könnt auch Eu-
ren Vater zuweilen sehen."

„Glaubt Ihr, daß er kommen wird, wenn er
mich droben weiß?"

„Er wird kommen und am Ende froh sein,
daß Ihr bei mir seid! Denn, hat er sich's auch
zugeschworen, daß Ihr sein Haus nie wieder betreten sollt — ein Herz hat der Alte doch und
sein Kind seid Ihr doch auch!"

Jaquetta ging mit dem Alten nach dem Leuchtthurm.

Der Leuchtthurmwächter räumte ihr das Stübchen ein, welches vor Jahren sein Weib bewohnt
hatte. Der alte Mann war seit fünfzehn Jahren
Wittwer und kinderlos.

Tage vergingen — Jaquetta verbrachte sie
15*

damit, daß sie auf den Austernpark niedersah, den sie nicht zu betreten wagte.

Da kam eines Nachmittags der Leuchtthurm= wächter zu ihr in die Stube und sagte:

„Euer Vater ist da, Jaquetta!"

Jaquetta zuckte zusammen.

„Wollt Ihr ihm nicht ein Gläschen Wein vorsetzen, Jaquetta?" fragte der Leuchtthurmwäch= ter in mildem Tone.

„Darf ich's wagen?" stammelte Jaquetta.

„Ich glaube, Ihr dürft es wagen!"

Jaquetta wankte mehr als sie ging — jetzt stand sie auf der Schwelle des benachbarten Zim= mers — das Weinglas zitterte in ihrer Hand.

Das Geräusch ihrer Schritte hatte den alten Bultink aufmerksam gemacht, er sah auf, indem er die Hand wie einen Schirm über die Augen legte.

„Hoho," rief er, als er ein Frauenzimmer er= blickte, „was für eine Wirthschafterin habt Ihr Euch auf Eure alten Tage beigelegt?"

„Nun seht sie nur genauer an, Bultink," sagte der Leuchtthurmwächter, „daß sie meine Wirth= schafterin ist, habt Ihr übrigens errathen!"

Jaquetta war bis dicht an den alten Bultink
herangetreten, und dieser sah sie noch immer starr
an. Kein Zug seines Gesichts verrieth, daß er
sie erkannt habe — mit einer Ruhe, die gegen
die Bewegung Jaquetta's wunderbar abstach, nahm
er ihr jetzt das gefüllte Weinglas aus der Hand
und nippte davon.

Dann stellte er es vor sich hin und blieb sitzen.

Jaquetta hätte ihm zu Füßen fallen und seine
Knie umklammern mögen — aber sie hielt an
sich und suchte ihre Bewegung zu bemeistern.

Sie kannte den Vater und wußte instinktartig,
wie sie ihn zu behandeln habe, um ihn nicht zu
vertreiben.

Sie zog sich in einen Winkel der Stube zurück und wagte kaum zu athmen.

Bultink blieb eine Stunde sitzen und sprach
wie gewöhnlich nur dann, wenn ihn der Leuchtthurmwächter um etwas fragte, was auch selten
genug der Fall war.

Als er sich erhob, um fortzugehen, leuchtete
ihm Jaquetta, denn es war mittlerweile Abend
geworden.

Er ließ es geschehen.

Als sie ihm mit zitternder Stimme „gute Nacht"
bot, antwortete er kaum hörbar:

„Gute Nacht!"

Und als er unten im Austernpark ankam und
sein Weib neben der Wiege des Enkels sitzend
fand, sagte er mit starrer Ruhe:

„Sie ist da!".

„Wer?" hauchte die alte Frau, während ihr
Athem stockte.

„Jaquetta!"

„Du hast sie gesehen?" stammelte die Alte,
nachdem sie sich von ihrer Ueberraschung erholt
hatte.

Bultink nickte mit dem Kopfe.

„Wo ist sie?"

„Droben auf dem Leuchtthurm!"

Kein weiteres Wort wurde zwischen den beiden Eheleuten gewechselt.

Als Frau Bultink aber am anderen Morgen
das Kind auf den Arm nahm und mit ihm fort-
ging, da fragte er nicht, wohin sie ginge und als
sie wiederkam, fragte er auch nicht wo sie gewesen sei.

Eilftes Kapitel.

Ein Brief.

Jaquetta verlebte in der stillen Wohnung des Leuchtthurmwächters einige glückliche Monate, so weit bei ihr von Glück überhaupt noch die Rede sein konnte. Die Mutter kam fast täglich sie zu besuchen und brachte, wenn es das Wetter halb= wegs erlaubte, das Kind mit.

Der alte Bultink wußte um die Besuche und setzte ihnen kein Hinderniß entgegen. Er kam selbst von Zeit zu Zeit zu seinem Freunde, dem Leucht= thurmwächter, ließ sich den Gruß Jaquetta's gefal= len, sprach aber sonst kein Wort mit ihr und benahm sich so, als ob sie nicht da wäre. Auch zu Hause er= wähnte er von der Stunde an, in der er seiner Frau mitgetheilt hatte, daß Jaquetta in die Heimath zurückgekehrt sei, der letzteren mit keiner Sylbe.

Da wurde eines Tages — es mochten dreivier=
tel Jahre seit Jaquetta's Rückkehr verflossen sein
— das Stillleben, welches die letztere führte, da=
durch unterbrochen, daß sie einen Brief erhielt,
deffen Adresse eine ihr unbekannte Handschrift zeigte.

Bisher hatte sie von Niemandem Briefe er=
halten, als von Slyken, der sie über den Stand
der Vermögensangelegenheit von Zeit zu Zeit
unterrichtete und diese Berichte in die einschmei=
chelndste Form kleidete.

Der Brief, den sie jetzt in der Hand hielt,
war von dem Baron Feuchtwangen und trug
den Poststempel: Gellenschwangen in Böhmen.

Er lautete:

„Jaquetta!

Verzeihen Sie die vertrauliche Anrede, zu wel=
cher mir die Gefühle, die ich einst für Sie in mei=
nem Herzen hegte, gewissermaßen ein Recht ge=
ben. Heute sind diese Gefühle zwar nicht ganz
verblaßt, aber sie sind doch mehr in eine wohl=
wollende Erinnerung aufgegangen. Heute, Ja=
quetta, liebe ich eine Andere — ich sage Ihnen
das mit derselben Offenheit, mit welcher ich Ih=
nen einst meine Liebe gestand. Sie wiesen diese

Liebe damals zurück und ließen mich an dem verhängnißvollen Tage, wo Sie sich in meiner Gegenwart gegen meine Tante aussprachen, das
Motiv dieser Abweisung errathen. Sie liebten
einen Andern — daß Ihnen dieser Andere durch
eine unglückselige Verkettung von Umständen ent-
rissen wurde, das war Ihr Unglück — aber heute
haben Sie es wahrscheinlich bereits überwunden,
heute sind Sie, mit mir verglichen, zu beneiden.

Mein Unglück, Jaquetta, ist ungleich größer
als das Ihrige. Ich liebe und werde wieder geliebt — von dem reizendsten, besten, edelsten Mädchen . . . beweinen Sie mich Jaquetta! Ich werde
dieses Wesen nicht nur nie besitzen, sondern ich
lebe sogar in der fürchterlichen Gewißheit, daß
ich es namenlos unglücklich mache. Noch einmal,
beklagen Sie mich, Jaquetta, mich und noch mehr
das liebe Geschöpf mit dem jungfräulichen Herzen,
welches heute noch in dem süßen Wahne lebt,
daß es durch mich glücklich werden wird. Die
Unglückliche!

Eines Tages wird im Parke von Wiesbaden
ein Schuß knallen — vielleicht an derselben Stelle,
unter demselben düstern Lärchenbaume, unter wel-

chem man den Mann mit durchschossenem Herzen
fand, der Sie so sehr liebte, daß er Ihre vermeint=
liche Schmach nicht überleben mochte — o Ja=
quetta, verzeihen Sie mir, daß ich diese Wunden
aufreiße mit rauher Hand und Ihren Schmerz
erneuere — aber der melancholische Lärchenbaum
liegt mir unaufhörlich im Sinne und wäre ich in
Wiesbaden, so pilgerte ich schon jetzt täglich zu
ihm hinaus, um mich mit ihm zu befreunden.
Heute brauchte ich wohl noch keine Waffe, wenn
ich mich unter dem unheimlichen Baume nieder=
ließe — aber eines Tages werde ich kommen mit
der Pistole in der Tasche und mich an den Baum
lehnen, um nie wieder fortzugehen.

Ja, Jaquetta, und ich kann mit mathematischer
Sicherheit die Minute bestimmen, in welcher dies
geschehen wird, in welcher ich den Lauf der Pistole
meiner Stirn nähern werde — von heute in zwei
Monaten wird es geschehen — an einem Sonn=
tag — denn über diesen Sonntag hinaus darf
ich nicht leben!

Ich darf über diesen Sonntag hinaus nicht
leben — glauben Sie nicht, daß ein Wahnsinniger
zu Ihnen spricht, Jaquetta.

Ich bin meiner fünf Sinne vollkommen mächtig und zwinge mich ruhig zu sein, denn ich schreibe
einen Theil meines letzten Willens nieder, den
für mich wichtigsten, und er klingt in eine Bitte
für Sie aus.

Ich bin vollkommen gesund, ich hätte vielleicht
ein langes, schönes, glückliches Leben vor mir —
o Jaquetta, ich darf mir das Leben, das ich an
der Seite der Geliebten führen könnte, nicht aus-
malen, ich darf meinen Geist nicht in das Meer
von Wonne tauchen — es ist ja Alles vergeblich,
ich bin ja verurtheilt zu sterben!

Ich will nicht sterben, Jaquetta, ich will nicht
sterben, ich sträube mich gegen das Sterben, wie
der Verbrecher, dem der Henker die Schlinge um
den Hals wirft — aber ich muß sterben!

Sterben mit einundzwanzig Jahren!

Sterben, während man gern leben möchte,
während ringsum Alles zu glücklichem Leben ein-
ladet — kann es etwas Entsetzlicheres geben?

Es gibt wohl einen Menschen auf dieser
Erde, der zu mir sagen könnte: Du darfst leben
— aber um keinen Preis der Welt möchte ich
diesen Menschen um mein Leben bitten. Ein

Wort von ihm genügte, mir das Leben zu schen=
ken — ein Wort von mir vielleicht genügte auch
ihn zu veranlassen, mich der Verpflichtung zu
überheben, die so grausam auf mir lastet, der
Verpflichtung mich zu tödten — aber die Ehre
erlaubt mir nicht dies Wort zu sprechen, den
Mann, in dessen Hand mein Leben liegt, anzu=
zuflehen, daß er mich noch länger leben lasse.

Wäre der Mann, der mein Leben in der
Hand hat, jemand Anderer als der Graf von
Slyken, ich könnte mich vielleicht entschließen,
ihn um mein Leben anzuflehen — aber Slyken
hat mich, als ich ihn wegen seines seltsamen Be=
nehmens in einer Angelegenheit, in welcher auch
Sie eine Rolle spielten, Jaquetta, zur Rede stellte,
mit einer solchen Geringschätzung behandelt, daß
ich lieber sterbe, als seinem Hochmuth neue Ge=
legenheit geben will, sich an mir zu erproben. Er hat
mich für einen Knaben gehalten und wie einen Kna=
ben behandelt, weil ich Sie liebte, Jaquetta —
mein Sterben mag ihn eines Besseren belehren,
mein Tod ihm zeigen, daß ich ein Mann bin.

Ich komme nun zu dem eigentlichen Zwecke
dieses Schreibens, Jaquetta.

Das Mädchen, das ich liebe und das mich wieder liebt, wird der Schlag niederwerfen. Wenn sie hören wird, daß man mich mit durchschossenem Hirne unter dem Lärchenbaume aufgefunden hat, wenn sie den Brief lesen wird, den ich für sie zurücklasse und in dem ich ihr die Motive meines Selbstmordes mittheile, so wird eine schwere Prüfung über sie hereinbrechen, die ich ihr gern erleichtern möchte.

Liebevoller Zuspruch im Unglücke richtet auf — wer aber vermöchte diesen Zuspruch eindringlicher zu spenden als Sie, Jaquetta, die Sie selbst durch die Schule des Unglückes gegangen und dabei so sanft und gut geblieben sind?

Wenn meine Geliebte in dem Augenblicke, wo das Unglück über sie hereinbricht, ein Wesen Ihrer Art um sich hat, so wird sie leichter über den Schmerz und das Elend, über die fürchterliche Stunde, die ihr den unerwarteten Einsturz des Glückes bringen wird, hinwegkommen.

Ich habe ein Mittel ersonnen, Jaquetta, welches Sie dem jetzt noch so glücklichen, in wenigen Wochen aber bereits namenlos unglücklichen

Wesen nahe bringen soll, das ich so sehr liebe
und das ich in dieser Welt zurücklassen muß,
während ich den dunklen Weg gehe, der in eine
andere Welt führt.

Ich habe meiner Geliebten von einem unglücklichen Wesen erzählt, das allein steht in der
Welt, dem der Gatte und nach dem Gatten der
Mann gestorben ist, auf welchen es den Rest
von Liebe übertragen wollte, der in seinem schwer
heimgesuchten Herzen noch schlummerte und meine
Schilderung hat die Theilnahme der Person wach-
gerufen, zu der ich sprach und sie so für das
fremde Unglück erwärmt, daß sie sich aussprach,
der Verlassenen ein Asyl bieten zu wollen, wenn
eine Anlehnung an eine friedliche Häuslichkeit
ihren Kummer zu lindern vermöchte.

Meine Geliebte ist Herrin ihres Willens, und
in der Lage, das durchzuführen, was sie sich vorgenommen hat und wozu ihr Herz sie treibt.
Frühzeitig auf ihre eigenen Füße gestellt, mit
achtzehn Jahren von einem Vater, dessen einziges
Kind sie war, der kränkelte und bald darauf starb,
für großjährig erklärt, kann sie sich ihre Umgebung nach Belieben wählen.

Wenn Sie sich ihr vorstellen, Jaquetta, wird sie Sie mit offenen Armen aufnehmen. Sie werden nicht ihre Dienerin — Sie werden ihre Freundin werden und woran mir gelegen ist, Sie werden sie trösten, wenn die Katastrophe, die ich Ihnen vorhin angedeutet habe, an ihr junges Leben herantreten wird.

Ich weiß, Jaquetta, daß ich Ihnen ein Opfer ansinne — Sie haben mit einem ersten Versuche einer Anlehnung an eine zweite Person so herbe Erfahrungen gemacht, daß es Sie schwerlich gelüsten dürfte, Ihre Selbständigkeit zum zweiten Mal aufzugeben. Aber die bösen, unheimlichen Erfahrungen, die Sie im Hause meiner Tante gemacht haben, werden sich sicherlich nicht wiederholen, wenn Sie in das Haus des Mädchens eintreten, das ich liebe. Marietta von Zweibrück ist ein so liebenswürdiges Geschöpf, daß es Ihnen sicherlich bei ihr gefallen wird und daß Sie vielleicht selbst dann Bedenken tragen werden, sie zu verlassen, wenn die menschenfreundliche Mission, die ich Ihnen bei ihr zudenke, erfüllt sein wird.

Jetzt habe ich vor Ihnen, Jaquetta, mein Herz

ausgeschüttet, ganz so wie ich es in jenen Tagen
that, wo ich Sie liebte; aus den Geständnissen,
die ich Ihnen damals machte, aus der Entschie=
denheit, mit welcher Sie mich damals in die
Schranken zurückwiesen, die mich mein heißes
Blut hatte überspringen lassen, schöpfte ich jetzt
den Muth, mein Herz und alles das, was dieses
Herz bedrückt, vor Ihnen herauszukehren. Hätte
ich Sie damals nicht als ein edles, charakter=
starkes und dabei doch wieder so unendlich mildes
Wesen kennen gelernt, so wäre mir wohl nie der
Gedanke gekommen, Sie in Alles das einzuweihen,
was ich Ihnen jetzt anvertraut habe und die Bitte
an Sie zu richten, die ich eben ausgesprochen habe
und durch deren Gewährung Sie meinem Gemüthe
einen Schimmer von Frieden wiederzugeben im
Stande sind.

Lassen Sie mich nicht zu lange auf diese Ge=
währung warten — bedenken Sie, daß einem
Menschen, der nur noch zwei Monate zu leben
hat, jede Stunde bangen, zweifelnden Wartens
zur Ewigkeit wird.

Kommen Sie, so bald Sie nur immer kommen
können, zu mir nach Gellenschwangen in Böhmen,

damit ich Sie mit Marietta bekannt mache. Ich glaube, es wird mir wieder wohl zu Muthe werden, wenn ich Ihr liebes Angesicht sehen werde.

Anatol von Feuchtwangen."

Zwölftes Kapitel.

Eine Katastrophe.

Jaquetta befand sich in unbeschreiblicher Aufregung, nachdem sie den Brief zu Ende gelesen hatte.

Dem jungen Baron mußte geholfen werden — er durfte nicht sterben. Diesen Gedanken hielt sie fest, er hatte sich ihr schon während der Lekture aufgedrängt, und von ihm geleitet traf sie ihre Anstalten.

Slyken war wieder in Wiesbaden, wo eben Wettrennen abgehalten wurden. Sie wollte ihn dort aufsuchen und Feuchtwangen's Brief inzwischen unbeantwortet lassen.

In Wiesbaden mußte es sich entscheiden, ob sie ihm überhaupt etwas zu schreiben habe, denn darüber, daß die Sache ganz anders erledigt

werden müſſe, als er in ſeinem von der Verzweif=
lung diktirten Briefe es angedeutet, war ſie im
Klaren.

Sie bat den Leuchtthurmwächter, als er in die
Stadt ging, ihrer Mutter zu ſagen, daß ſie ſie be=
ſuchen und das Kind mitbringen möge. Als beide
kamen, wurde ſie nicht müde, das Kind zu herzen
und zu küſſen und ſagte der Mutter, daß ſie eine
Reiſe vorhabe, die keinen Aufſchub leide, weil es
ſich um die Ordnung der Vermögensfrage ihres
Kindes handle.

Den Leuchtthurmwächter bat ſie, er möge ihr
auf einen Brillantring, den ſie ihm in Verwah=
rung geben wolle, einen Vorſchuß geben, da ſie
Reiſegeld brauche. Der Ring, den ſie dem alten
Manne gab, war derſelbe, den ſie in Wiesbaden von
Feuchtwangen erhalten hatte. Doch hatte ſie das
Portrait des Barons zuvor herausgenommen und
den Alten ermächtigt, den Ring zu verkaufen,
wenn ſie längere Zeit ausbliebe und er das Geld,
das er ihr auf das koſtbare Pfand hin dargelie=
hen, brauchen ſollte.

Jaquetta reiſte Tag und Nacht und ihr erſter
Gang in Wiesbaden war der zu Slyken.

16*

Slyken war ungemein erstaunt sie zu sehen,
empfing sie aber mit einer Herzlichkeit, durch
welche ein Schimmer freudiger Genugthuung hin=
durchleuchtete. Er wußte nicht, was sie zu ihm
führte, aber sie war da — und daran knüpfte
er bereits Hoffnungen.

„Mein Besuch befremdet Sie, Herr Graf," be=
gann Jaquetta, „ich sehe das an Ihren Mienen.
Sie denken ganz richtig, daß es keine Kleinigkeit
sein kann, die mich aus meiner Heimat wegge=
lockt und veranlaßt hat, vierzig Stunden lang im
Eisenbahnwaggon zu sitzen."

„In der That," sagte Slyken lächelnd," ich
wundere und frage mich, was Sie vom Meer
zu Wald und Berg geführt hat — aber mein
Staunen hindert mich nicht mich darüber zu
freuen, daß Sie da sind und ich mit Ihnen die
noch zwischen uns obschwebende Angelegenheit
persönlich ordnen kann. Wie Sie wohl schon aus
meinen Briefen entnommen haben, so ist die Crida=
sache des Bankhauses, bei dem ich Ihr Geld an=
gelegt hatte, erledigt — das Haus zahlt seinen
Gläubigern siebzig Procent. Ich werde diese sieb=
zig Procent in Empfang nehmen, und Ihnen

die volle Summe auszahlen, sobald Sie es wünschen."

„Sie würden mich in der That verbinden Herr Graf, wenn Sie mir das Geld flüssig machten! Seit dem Tage, wo ich Sie bat, das Geld für mein Kind zu verwalten, sind Verhältnisse eingetreten, die es mir wünschenswerth erscheinen lassen, das Vermögen meines Kindes in meiner Hand zu haben."

„Die Summe wird morgen zu Ihrer Verfügung stehn, Madame Hawerton!" sagte Slyken.

„Ich danke Ihnen, Herr Graf! Ich komme nun zu dem, was mich eigentlich veranlaßt hat, Sie aufzusuchen. Sie haben ein Leben in Ihrer Gewalt, Herr Graf — wenden Sie die Macht, die Ihnen ein Zufall in die Hand gegeben hat gut an — begnadigen Sie den, den Sie tödten können!"

„Ich verstehe Sie nicht, Madame Hawerton!"

„Sie können den Baron Feuchtwangen zwingen, daß er sich tödte" —

Ein „Ah" Slyken's unterbrach die im leisen Tone vorgetragene Rede Jaquetta's.

Jaquetta stockte, Slyken setzte seinen Nasen=
klemmer auf und betrachtete sie forschend.

„Fahren Sie fort!" sagte er, „was wünschen
Sie von mir?"

„Daß Sie dem Baron sein Wort zurückgeben,
daß Sie ihm erlauben zu leben!"

„Sie lieben den Baron noch immer?" fragte
Slyken rasch.

„Ich habe ihn nie geliebt, Herr Graf!" er=
wiederte Jaquetta fest.

„Wer wird Ihnen das glauben, wenn er hört,
daß Sie sein Leben von mir erbitten!" rief der
Graf achselzuckend.

„Ich wiederhole Ihnen, Herr Graf, ich liebe
den Baron ebenso wenig, als er mich liebt!"

„Aber er hat Sie geliebt!" rief Slyken mit
scharfer Betonung.

Jaquetta zuckte mit den Achseln.

„Sie haben ein Mittel in der Hand mich zu
überzeugen, daß Sie den Baron nicht lieben!"
sagte Slyken ausholend.

Jaquetta schwieg.

„Wie wär's, wenn ich das Leben des Barons
in Ihre Hand legte, Madame Hawerton?" rief

Slyken, durch Jaquetta's Schweigen ermuthigt, lebhaft. „Wenn ich Sie zum Herrn über Feucht= wangens Schickfal machte?"

Jaquetta antwortete noch immer nichts. Sie dachte an Victor, an das, was ihr dieser über Slyken's Absichten in Bezug auf sie gesagt. Sie war darauf gefaßt gewesen, daß Slyken so zu ihr sprechen würde wie er sprach und sie bebte vor nichts zurück. Ihr Leben war doch nichts mehr werth und rettete sie mit dem Reste desselben ein junges blühendes Leben, so war es am Ende noch gut angewandt.

Slyken legte sich Jaquetta's beharrliches Schwei= gen im günstigsten Sinne aus, näherte sich ihr, schlang seinen Arm um sie und sagte:

„Ein Wort von Ihnen und ich gebe Feucht= wangen das seinige zurück."

Jaquetta bebte nicht — sie stieß den Grafen nicht von sich, sondern duldete die Berührung. Dabei sah sie ihn unverwandt an und sagte:

„Geben Sie mir den Brief an Feucht= wangen!"

Slyken zögerte.

„Seien Sie unbesorgt, Herr Graf," sagte Ja=

quetta mit einem traurigen Lächeln, „Sie kommen nicht um den Lohn Ihrer Großmuth.“

„Verstehe ich Sie recht, Jaquetta?“ rief Slyken, Jaquetta's Hand ergreifend und einen zärtlichen, begehrlichen Blick auf sie richtend.

„Ich glaube, wir verstehen uns gegenseitig!“ murmelte Jaquetta ernst.

„Sind Sie die Meine, Jaquetta, wenn ich Ihnen den Freibrief für Feuchtwangen gebe?“ rief Slyken lebhaft.

Jaquetta nickte mit dem Kopfe.

Slyken trat an den Schreibtisch und schrieb einige Zeilen, die er dann Jaquetta reichte.

Diese überflog sie mit den Augen und sagte:

„Ich danke Ihnen, Herr Graf! Möchten Sie nicht die Güte haben den Brief zu siegeln und zu adressiren? Ich will ihn dann besorgen!“

Der Graf that, was Jaquetta gewünscht hatte.

Dann reichte er ihr den Brief und sie besah zuerst das Siegel und dann die Adresse.

„Noch Eines, Herr Graf,“ sagte sie, „Sie müssen mir versprechen, dem Baron nie zu verrathen, wem er eigentlich sein Leben zu verdanken hat!“

„Ich verspreche es Ihnen!" sagte Slyken. „Nun ich Ihnen aber in Allem und Jedem Ihren Willen gethan habe, kommt die Reihe meine Wünsche auszudrücken an mich!"

Slyken machte Miene sich Jaquetta vertraulich zu nähern; sie aber sagte:

„Ich werde mein Wort halten, Herr Graf, wenn ich morgen wiederkomme, mir die Summe zu holen, welche das Vermögen meines Kindes ausmacht!"

Slyken mußte Jaquetta gewähren lassen.

Diese brachte den Brief, der Feuchtwangen ein neues, glückliches Leben erschloß, zur Post.

Am folgenden Tage erschien sie bei Slyken.

Der Lebemann sah sich am Ziele seiner Wünsche.

Als Jaquetta den Grafen verließ, ging sie in das Hôtel, in welchem sie abgestiegen war.

Sie schrieb einige Zeilen an den alten Leuchtthurmwächter und legte dem Briefe die Summe bei, die sie von Slyken erhalten hatte.

Sie bat den Alten, das Geld, welches das Erbe ihres Kindes sei, sicher anzulegen und treu zu verwalten, er sei der Einzige, sagte sie, auf

den sie sich verlassen könne — hätte sie das Geld
dem Vater geschickt, so wäre sie Gefahr gelaufen,
daß er es vernichtet hätte, weil er es doch nach
seiner Anschauung für ein Sündengeld erklärt hätte,
das dem Enkel keinen Segen bringen würde.
Ihre Mutter bitte sie, sie möge für sie beten und
ihr verzeihen.

Nachdem Jaquetta diesen Brief besorgt hatte,
ging sie hinaus zu Dick's Grabe.

Dort betete sie lange und inbrünstig.

Als es Abend geworden war, erhob sie sich
und ging festen Schrittes der Stadt zu.

Noch einmal suchte sie ihr Zimmer auf, brachte
ihre Rechnung in Ordnung, bat den Wirth, das
Rezepisse über den Geldbrief, den sie zur Post
gegeben hatte, über Nacht zu verwahren und
schrieb dann noch einige Worte auf einen Zettel,
den sie auf den Tisch legte.

Es war Nacht geworden, als sie das Hotel
verließ und dem Park zuschritt.

Da es ziemlich spät war und regnete, so lag
der Park verlassen da. Kein Mensch war in dem=
selben zu sehen.

Wie lange sich Jaquetta in den öden Baum=

gängen aufhielt — welche Gedanken ihre zu Tod betrübte Seele erfüllten — wer weiß es?

Mit einem Male rauschte das Wasser des Teiches, der sich hinter dem Curhause weit hinzog, auf, als ob ein schwerer Körper in das Wasser gefallen wäre. . . . .

Jaquetta hatte sich in den Teich gestürzt. . . .

. . . .

. . . .

Schluß des ersten Bandes.

In demselben Verlage und von demselben Verfasser erschien ferner:

Louis Napoleon.
2. Aufl. Volks-Ausgabe. 5 Bde. 4²/₃ Thlr.

Napoleon III.
8 Bände. à 1 Thlr. 10 Ngr.
(Fortsetzung von Louis Napoleon.)

Carlo Alberto und Louis Napoleon.
4 Bände. à 1¹/₃ Thlr.

Victor Emanuel.
4 Bde. à 1¹/₃ Thlr.
(Fortsetzung von Carlo Alberto.)

1830.
(Juli-Revolution.)
2 Bde. 2 Thlr.

1831.
(Polens letzte Tage.)
2 Bde. 2 Thlr.

Napoleon III. und sein Hof
in Anecdoten und Charakterzügen.
Preis 1 Thlr. 10 Ngr.

Neue Anecdoten
aus dem Leben Napoleon III.
Preis 1 Thlr. 10 Ngr.

Aus Frankreich.
Federzeichnungen aus dem Frankreich Napoleon III.
Preis 1 Thlr. 20 Ngr.

Druck von E. E. Elbert in Leipzig.